ICH UND DIE WELT

MIREIA TRIUS
JOANA CASALS

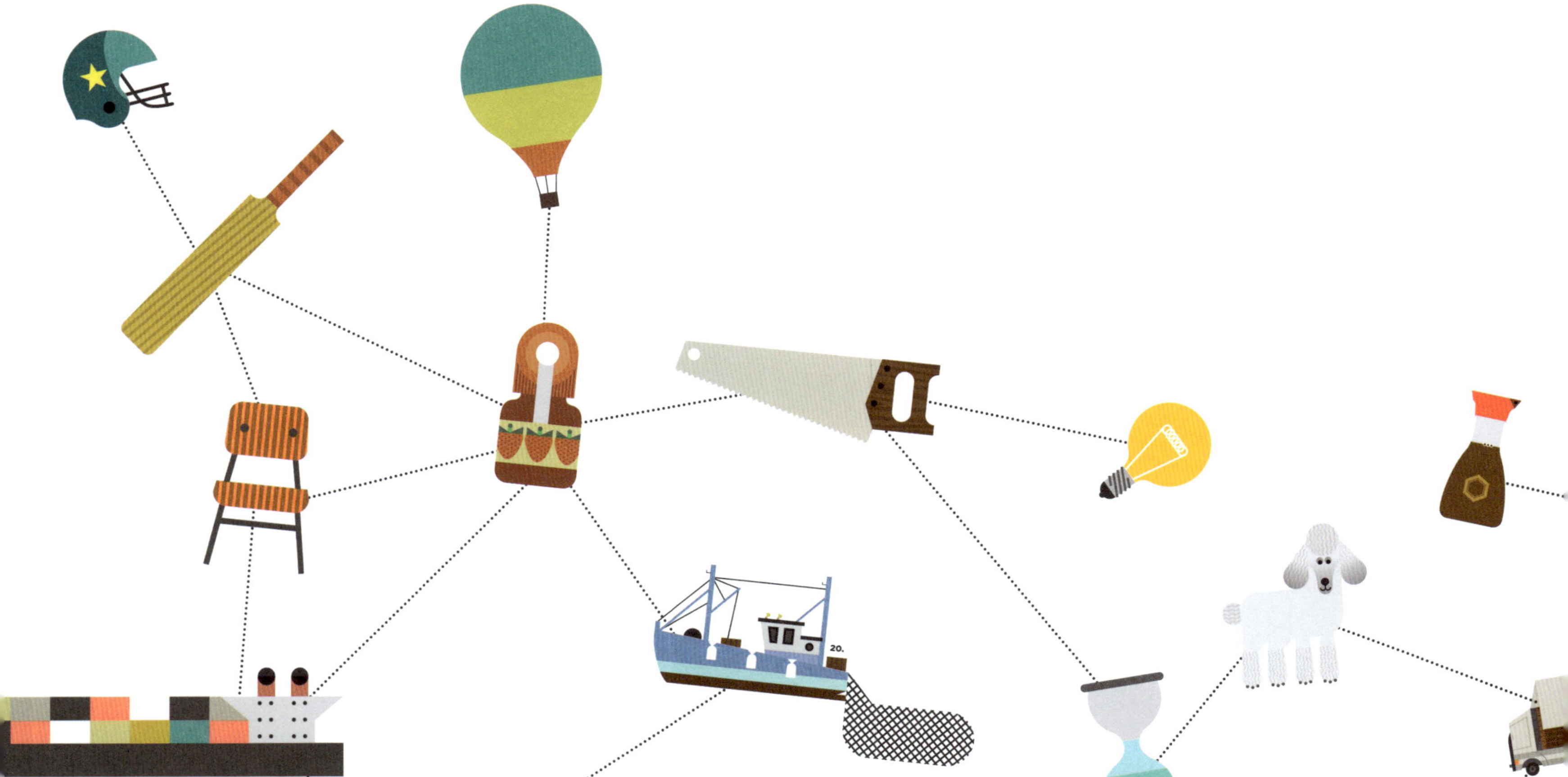

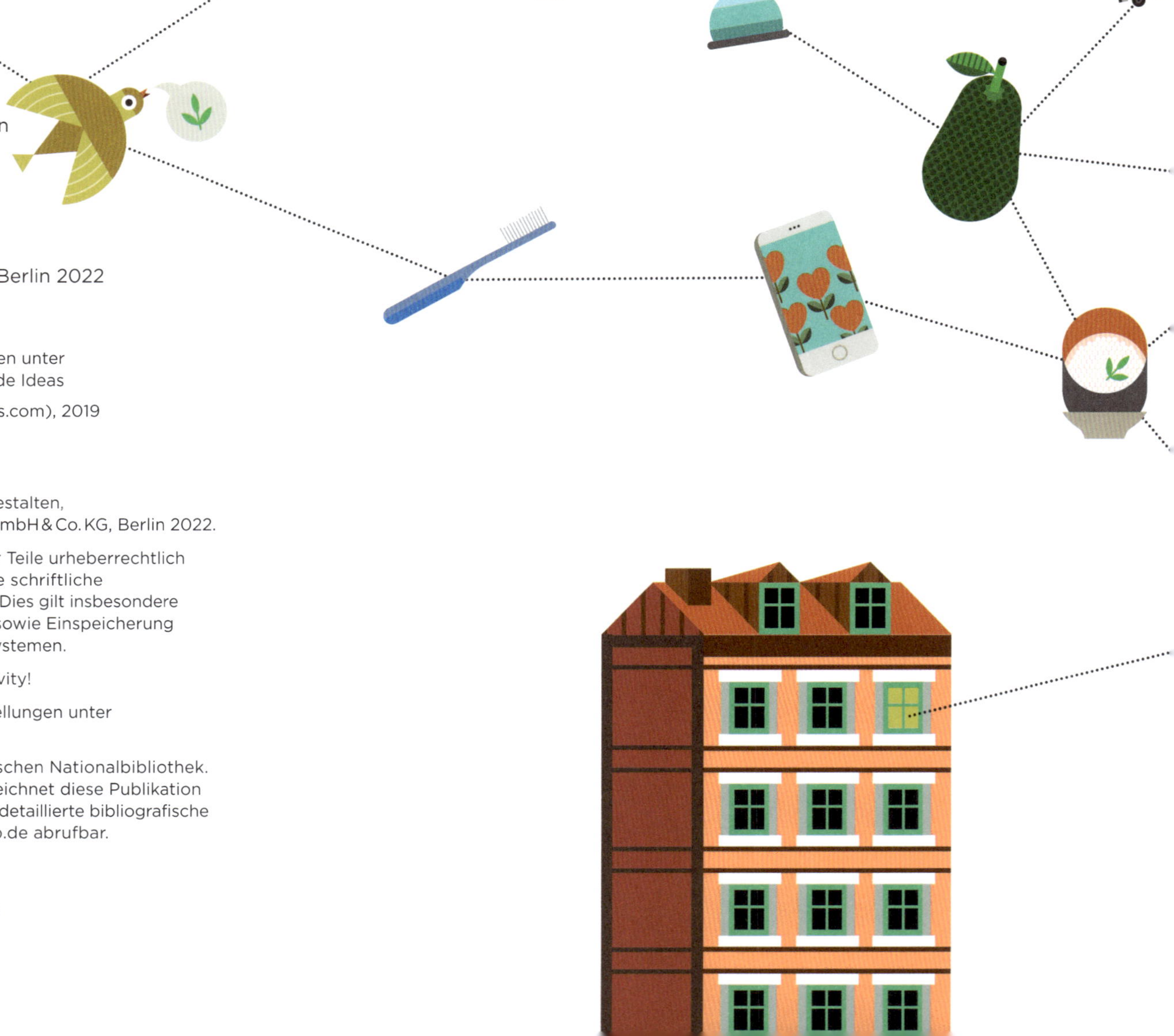

Illustriert von Joana Casals

Erzählt von Mireia Trius

Übersetzung aus dem Spanischen
von Christiane Manz

Druck: Nino Druck GmbH,
Neustadt an der Weinstraße

Hergestellt in Deutschland

Erschienen bei Kleine Gestalten, Berlin 2022

ISBN 978-3-96704-726-4

Die spanische Originalausgabe erschien unter
dem Titel „Yo y el mundo" bei Zahorí de Ideas

Weitere Informationen und Buchbestellungen unter
www.kleine.gestalten.com

Bibliografische Information der Deutschen Nationalbibliothek. Die Deutsche Nationalbibliothek verzeichnet diese Publikation in der Deutschen Nationalbibliografie; detaillierte bibliografische Daten sind im Internet über www.dnb.de abrufbar.

Dieses Buch wurde
auf PEFC™-zertifiziertem
Papier gedruckt.

PEFC

ICH UND DIE WELT

MIREIA TRIUS
JOANA CASALS

KLEINE
GESTALTEN

Die häufigsten Vornamen für Jungen und Mädchen, die in den letzten Jahren zur Welt gekommen sind, laut den Meldelisten der Länder.

ICH HEISSE MIA UND KOMME AUS DEUTSCHLAND. MEIN BRUDER HEISST BEN. BEI MIR ZU HAUSE SIND DAS BELIEBTE VORNAMEN, ABER IN ANDEREN LÄNDERN KOMMEN ANDERE VORNAMEN HÄUFIGER VOR.

1 · HÄUFIGE VORNAMEN

2 · FAMILIEN-MODELLE

1. Weltkarte: durchschnittliche Anzahl der Familienmitglieder.
2. Geburtenentwicklung seit 1950: Anzahl der Kinder pro Frau.
3. Familienstrukturen nach Mitgliedern.

ICH HABE NUR EINEN KLEINEN BRUDER, ABER MEINE ELTERN HABEN MEHRERE GESCHWISTER. HEUTE BEKOMMEN DIE MENSCHEN NORMALERWEISE NICHT MEHR SO VIELE KINDER WIE FRÜHER. ES GIBT VERSCHIEDENE FAMILIENSTRUKTUREN – WIE SIEHT DEINE FAMILIE AUS?

1. MITGLIEDER PRO FAMILIE WELTWEIT

KEINE DATEN

0–3 FAMILIEN-MITGLIEDER

3–4 FAMILIEN-MITGLIEDER

4–5 FAMILIEN-MITGLIEDER

5–6 FAMILIEN-MITGLIEDER

6 ODER MEHR FAMILIEN-MITGLIEDER

2. DURCHSCHNITTLICHE ANZAHL KINDER PRO FRAU

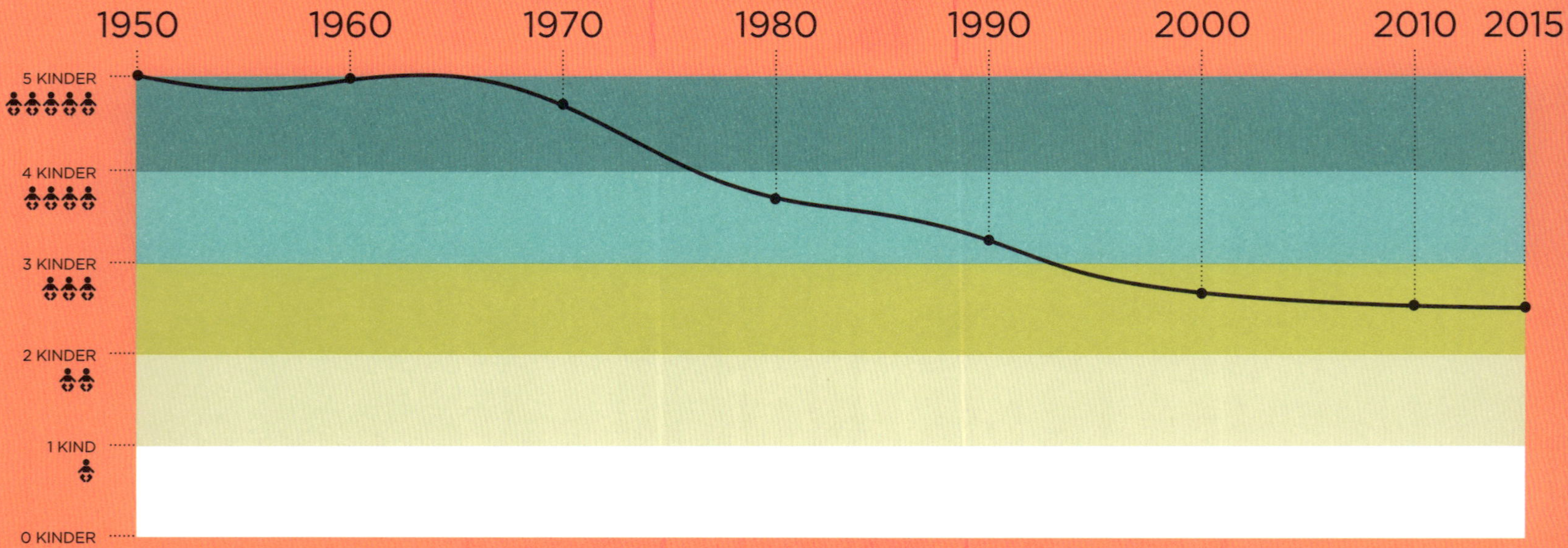

3. VERSCHIEDENE FAMILIEN-STRUKTUREN

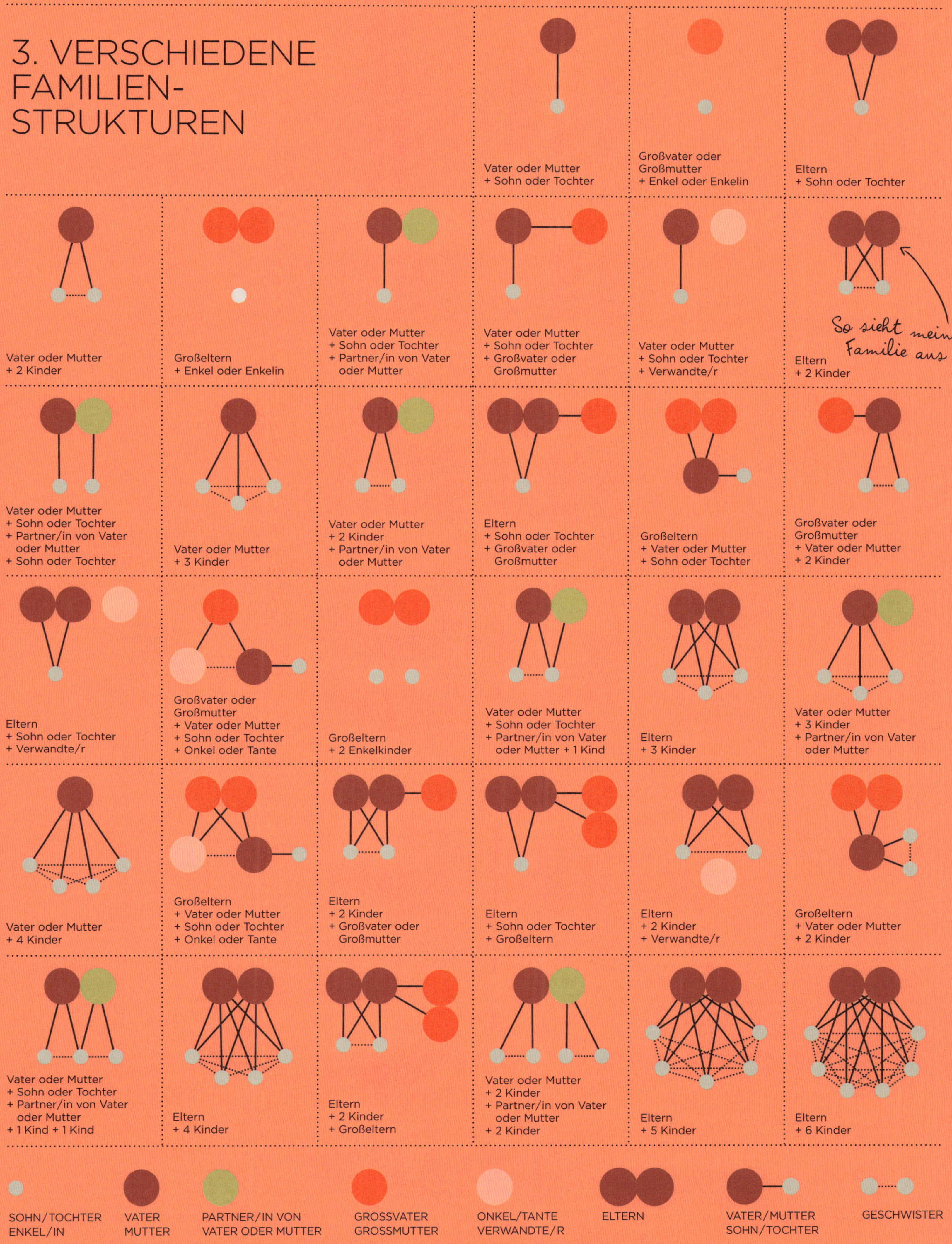

3 · HAUSTIERE

1. Prozentuale Verteilung der Familien, die (keine) Haustiere haben.
2. Prozentuale Verteilung der verschiedenen Tierarten.
3. Verteilung der Haustiere nach Ländern (einige Familien haben mehr als ein Haustier).

EIN WEITERES MITGLIED UNSERER FAMILIE IST UNSER BEAGLE, BALU. VIELE FAMILIEN HABEN HAUSTIERE. IN DEUTSCHLAND SIND KATZEN AM BELIEBTESTEN, ABER WELTWEIT WERDEN AM HÄUFIGSTEN HUNDE GEHALTEN! MANCHE HUNDERASSEN KENNT MAN AUF DER GANZEN WELT.

DIE 10 BELIEBTESTEN HUNDERASSEN

1 LABRADOR

2 SCHÄFER-HUND

3 PUDEL

4 CHIHUAHUA

5 GOLDEN RETRIEVER

1. FAMILIEN MIT/OHNE HAUSTIER

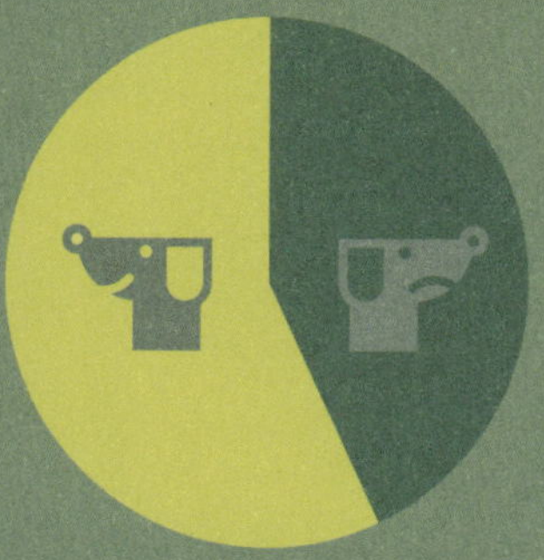

MIT
57%

OHNE
43%

2. HAUSTIERE NACH TIERART

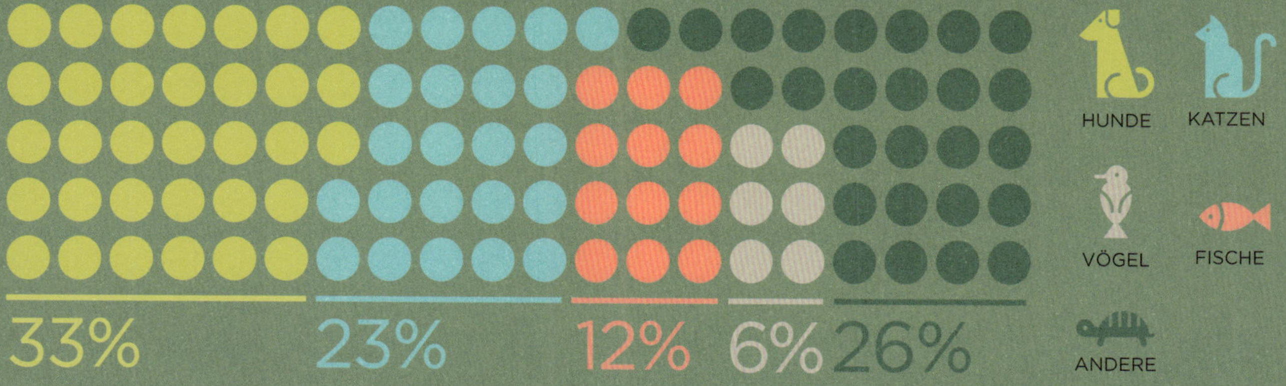

3. HAUSTIERE NACH LÄNDERN

USA	VEREINIGTES KÖNIGREICH	TÜRKEI	SPANIEN	SÜD-KOREA	RUSS-LAND	POLEN	JAPAN	CHINA	FRANK-REICH	DEUTSCH-LAND	ITALIEN
50%	27%	12%	37%	20%	29%	45%	17%	25%	29%	21%	39%
39%	27%	15%	23%	6%	57%	32%	14%	10%	41%	29%	34%
11%	9%	16%	9%	7%	11%	12%	9%	17%	12%	9%	11%
6%	4%	20%	11%	1%	9%	7%	2%	5%	5%	6%	8%

6
YORKSHIRE-TERRIER

7
DACKEL

8
BEAGLE

9
BOXER

10
ZWERG-SCHNAUZER

4 · WELTBEVÖLKERUNG

DEUTSCHLAND GEHÖRT ZU DEN GRÖSSTEN LÄNDERN EUROPAS, ABER NICHT ZU DEN GRÖSSTEN DER WELT – TROTZ SEINER BEVÖLKERUNG VON 83 MILLIONEN! DAS KLINGT ZWAR VIEL, ABER IM VERGLEICH ZU CHINA ODER INDIEN (WO ÜBER EINE MILLIARDE MENSCHEN LEBEN) IST ES WENIG!

1. LÄNDER NACH DER GRÖSSE DER BEVÖLKERUNG

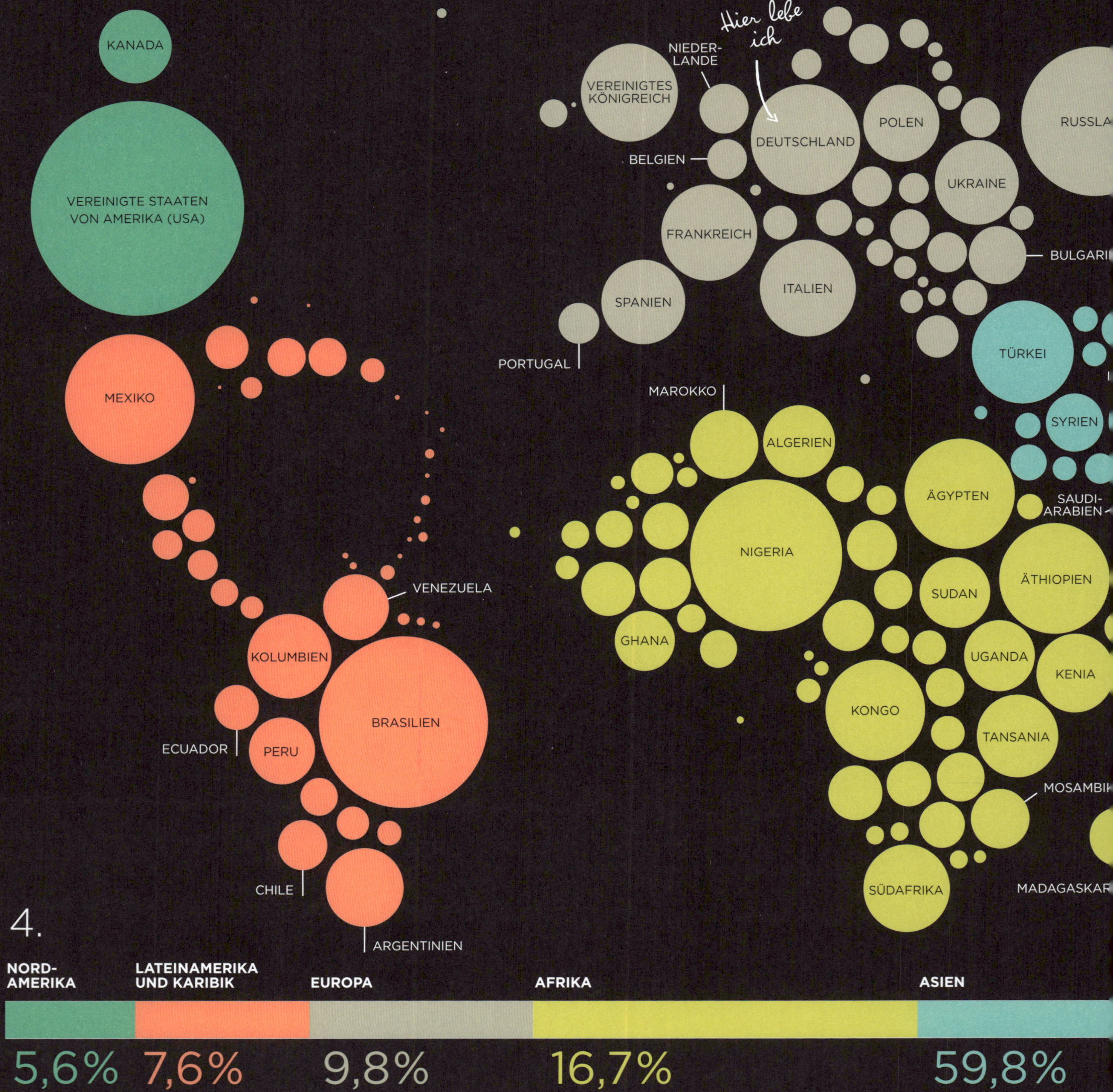

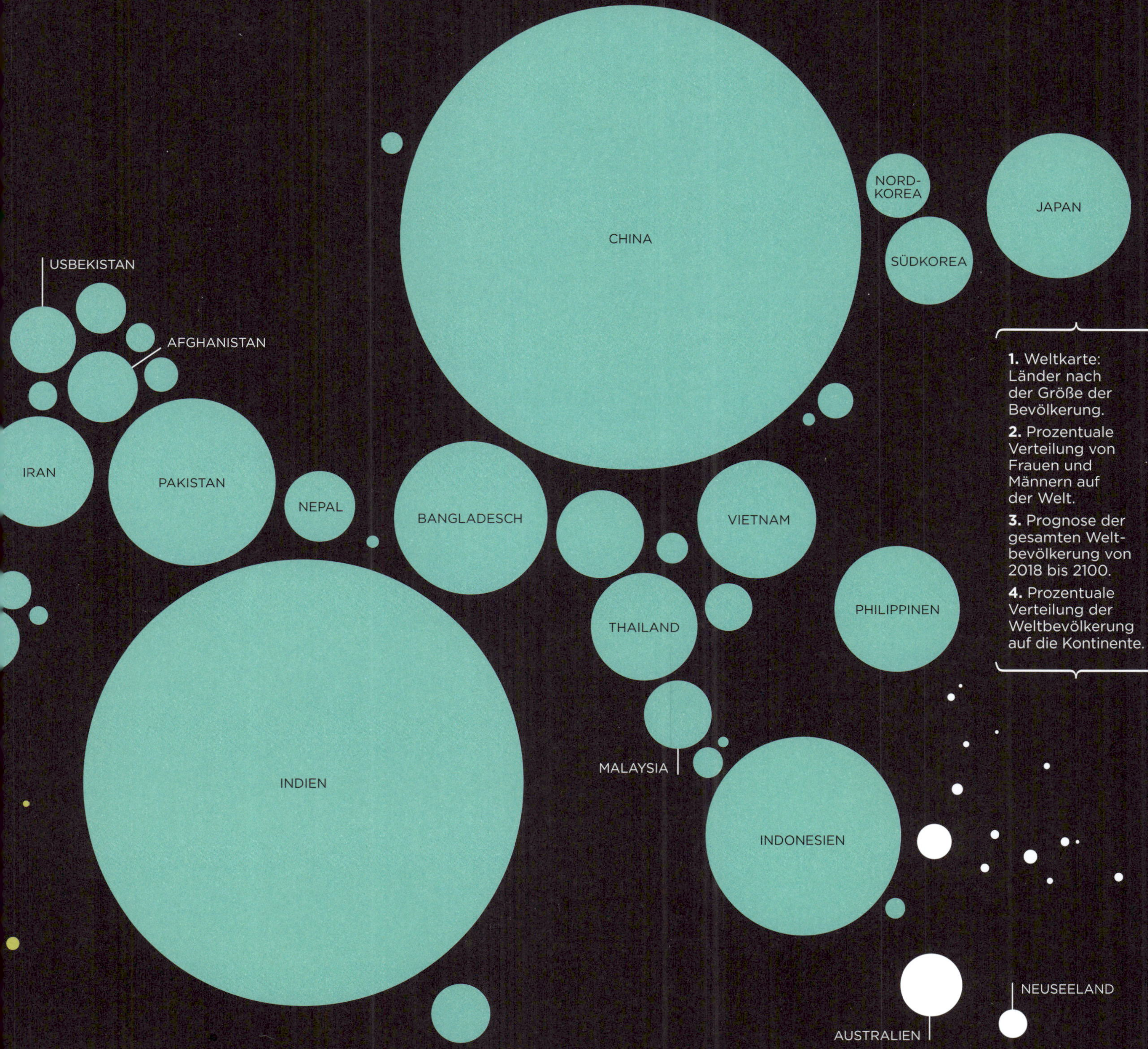

1. Weltkarte: Länder nach der Größe der Bevölkerung.

2. Prozentuale Verteilung von Frauen und Männern auf der Welt.

3. Prognose der gesamten Weltbevölkerung von 2018 bis 2100.

4. Prozentuale Verteilung der Weltbevölkerung auf die Kontinente.

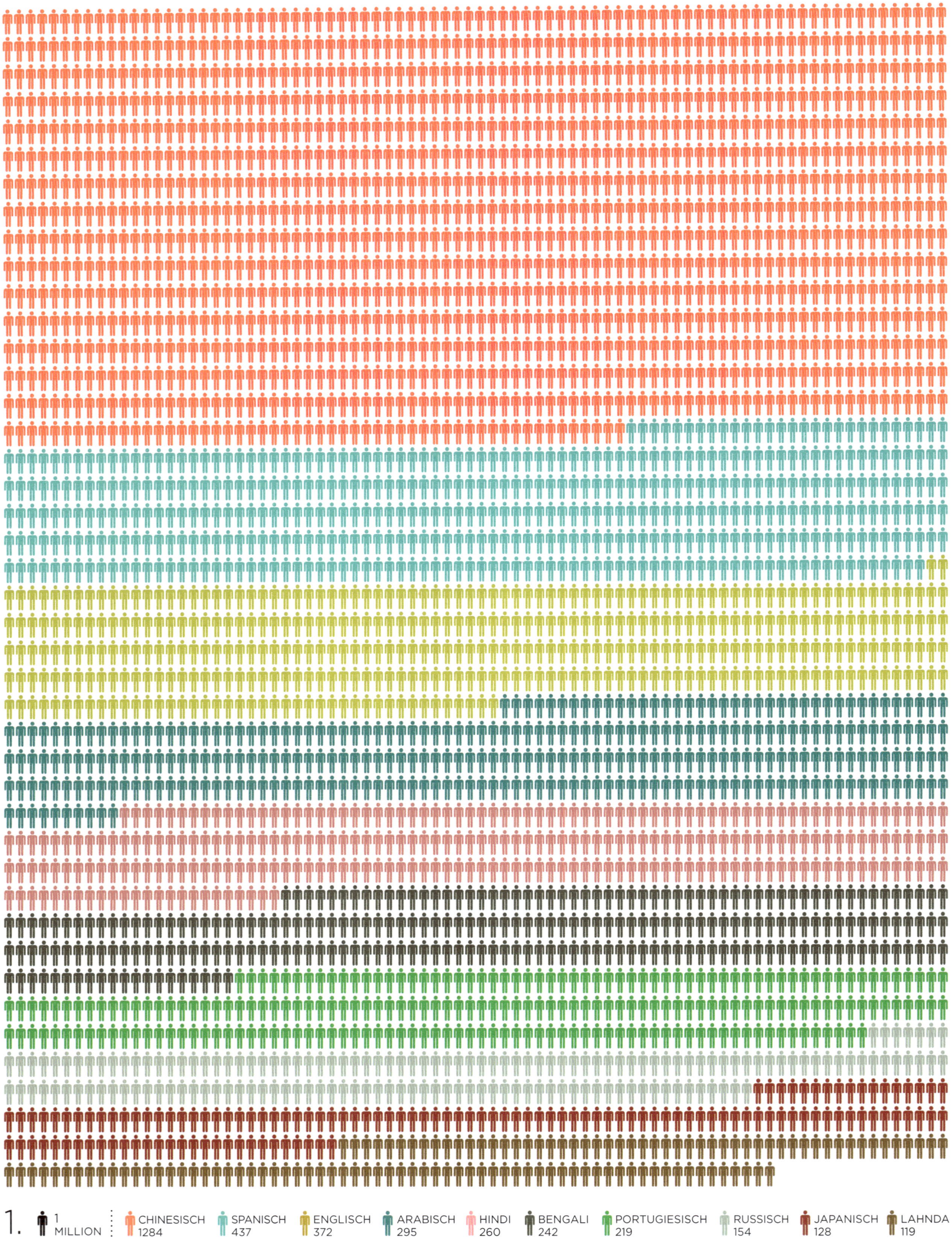
1.
1 MILLION
CHINESISCH 1284
SPANISCH 437
ENGLISCH 372
ARABISCH 295
HINDI 260
BENGALI 242
PORTUGIESISCH 219
RUSSISCH 154
JAPANISCH 128
LAHNDA 119

5 · SPRACHEN DER WELT

ZU HAUSE SPRECHEN WIR DEUTSCH UND IN DER SCHULE LERNEN WIR ENGLISCH. DEUTSCH IST EINE WESTGERMANISCHE SPRACHE (EBENSO WIE ENGLISCH, NIEDERLÄNDISCH UND JIDDISCH). IN DER EUROPÄISCHEN UNION WIRD DEUTSCH AM HÄUFIGSTEN ALS MUTTERSPRACHE GESPROCHEN UND AM DRITTHÄUFIGSTEN ALS FREMDSPRACHE UNTERRICHTET. UNGLAUBLICH!

1.–2. Geschätzte Anzahl der Menschen, die eine Sprache als Erst- oder Muttersprache sprechen, in Millionen (jede Figur entspricht 1 Million Einwohner).

3. Weltkarte: meistgesprochene Sprachen.

4. Sprachen, die am häufigsten als Fremdsprachen gelernt werden, Lernende in Millionen.

2. DIE 10 SPRACHEN MIT DEN MEISTEN SPRECHERN

	CHINESISCH	SPANISCH	ENGLISCH	ARABISCH	HINDI	BENGALI	PORTUGIESISCH	RUSSISCH	JAPANISCH	LAHNDA
IN MILLIONEN	1284	437	372	295	260	242	219	154	128	119

3. DIE MEISTGESPROCHENEN SPRACHEN, NACH LÄNDERN WELTWEIT

4. AM HÄUFIGSTEN GELERNTE FREMDSPRACHEN

	LERNENDE IN MILLIONEN
ENGLISCH	1500
FRANZÖSISCH	82
CHINESISCH	30
SPANISCH	14,5
DEUTSCH	14,5
ITALIENISCH	8
JAPANISCH	3

6 · ARBEIT UND BERUFE

1. TRADITIONELLE BERUFE

1. Paketbote/in
2. Ornithologe/in (Vogelkundler/in)
3. Zahnarzt/-ärztin
4. Augenarzt/-ärztin
5. Schiedsrichter/in
6. Uhrmacher/in
7. Pilot/in
8. Kapitän/in
9. Juwelier/in
10. Fischhändler/in
11. Schreiner/in
12. Mechaniker/in
13. Krankenpfleger/in
14. Tierarzt/-ärztin
15. Geologe/in
16. Kellner/in
17. Astronaut/in
18. Schneider/in
19. Bergarbeiter/in
20. Fischer/in
21. Lehrer/in
22. Feuerwehrmann/-frau
23. Fotograf/in
24. Radrennfahrer/in
25. Koch/Köchin
26. Elektriker/in
27. Friseur/in
28. Arzt/Ärztin
29. Maler/in
30. Schriftsteller/in
31. Musiker/in
32. Maurer/in
33. Wissenschaftler/in
34. Florist/in
35. Richter/in
36. Briefträger/in
37. Architekt/in
38. Gärtner/in
39. Detektiv/in

MEINE MUTTER IST TIERÄRZTIN UND MEIN VATER SCHREINER. DIESE BERUFE SIND SEHR VERBREITET. HEUTE GIBT ES ABER AUCH VIELE NEUE BERUFE. SIE HABEN MIT DEM INTERNET UND DEN NEUEN TECHNOLOGIEN ZU TUN, DIE FRÜHER NICHT EXISTIERTEN.

1. Traditionelle Berufe, die man kennt.
2. Fünf neue Berufe, die es vor 10 Jahren noch nicht gab.
3. Berufliche Tätigkeiten (in Prozent) der 7 Milliarden Menschen auf der Welt.

2. FÜNF BERUFE, DIE VOR 10 JAHREN NOCH NICHT EXISTIERTEN

1 APP-ENTWICKLER

2 KOMMUNIKATIONS-MANAGER FÜR SOZIALE MEDIEN

3 INGENIEUR FÜR SELBST-FAHRENDE AUTOS

4 SPEZIALIST FÜR CLOUD-LÖSUNGEN

5 YOUTUBER

3. WAS MACHEN DIE ÜBER 7 MILLIARDEN MENSCHEN AUF DER WELT BERUFLICH?

1900 MILLIONEN SIND ZU **JUNG** ZUM ARBEITEN (0–15 Jahre alt)

1700 MILLIONEN ARBEITEN IN **DIENSTLEISTUNGS-BERUFEN**

1400 MILLIONEN ARBEITEN IN DER **LANDWIRTSCHAFT**

800 MILLIONEN ARBEITEN IN DER **INDUSTRIE**

577 MILLIONEN SIND **ÜBER 64 JAHRE** ALT

430 MILLIONEN SIND **ARBEITSLOS**

400 MILLIONEN SIND **UNTERNEHMER**

7·WOHNEN

1. Durchschnittliche Wohnfläche (in m²) in einigen Ländern.
2. Häuser in traditioneller Bauweise in einigen Regionen der Welt.

1. DURCHSCHNITTLICHE WOHNFLÄCHE IN BESTIMMTEN LÄNDERN

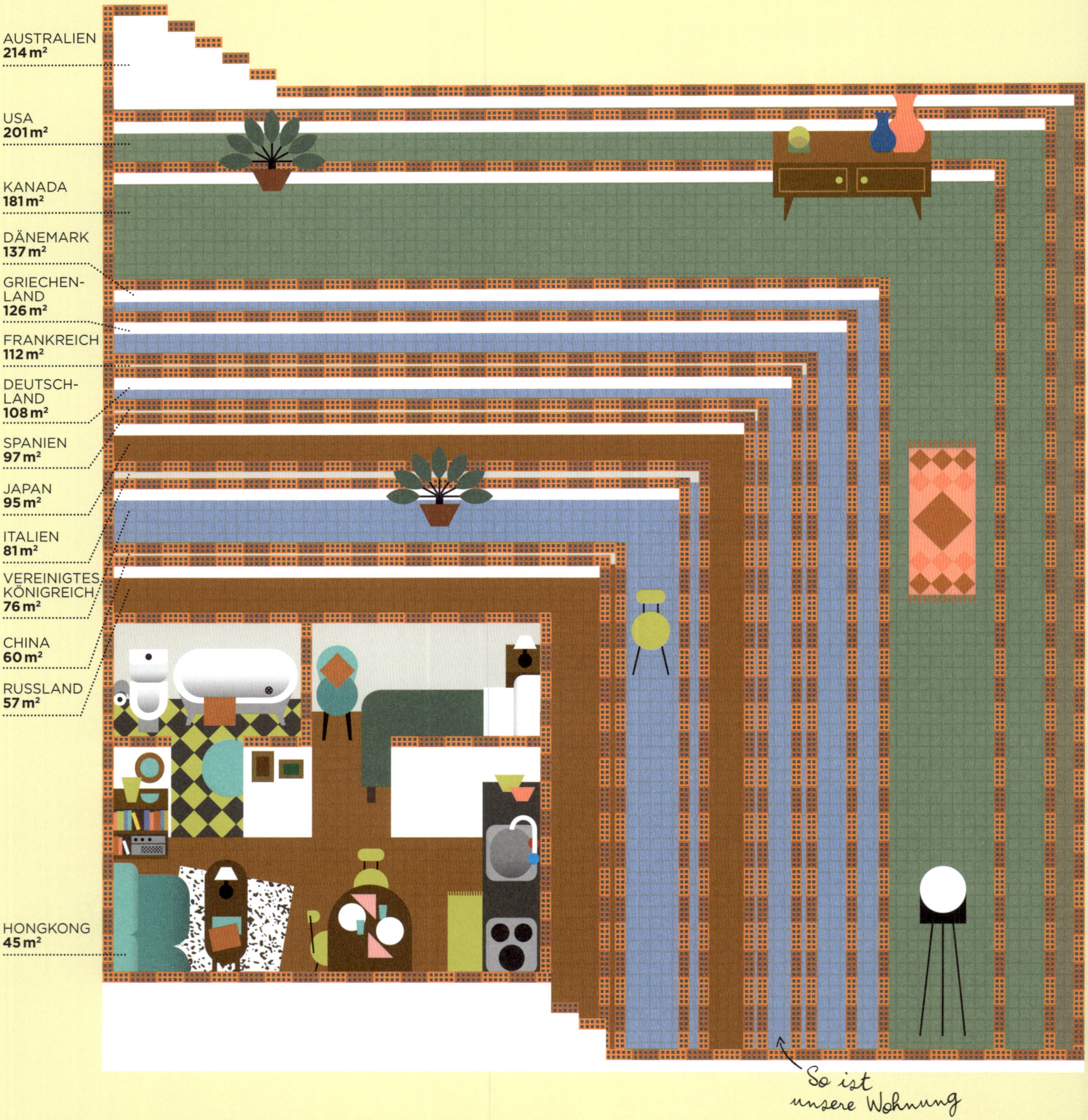

WIR WOHNEN IN EINER WOHNUNG IM ACHTEN STOCK EINES HOCHHAUSES. DIE WOHNUNG IST NICHT SEHR GROSS, ABER SEHR HELL, UND VOM BALKON AUS SEHEN WIR DEN FERNSEHTURM. AUSSER DEM WOHNZIMMER HABEN WIR NOCH ZWEI ZIMMER: EINES FÜR MEINE ELTERN UND EINES FÜR MEINEN BRUDER UND MICH.

2. TRADITIONELLE BEHAUSUNGEN

CHALET
ALPENRAUM

ISBA
RUSSLAND

TRULLO
APULIEN, ITALIEN

HALLENHAUS
VEREINIGTES KÖNIGREICH

TORFHOF
ISLAND

RONDAVEL
SÜDAFRIKA

PALHEIRO
MADEIRA, PORTUGAL

CONCH-HAUS
FLORIDA, USA

IGLU
KANADISCHE ARKTIS

HANOK
KOREA

MINKA
JAPAN

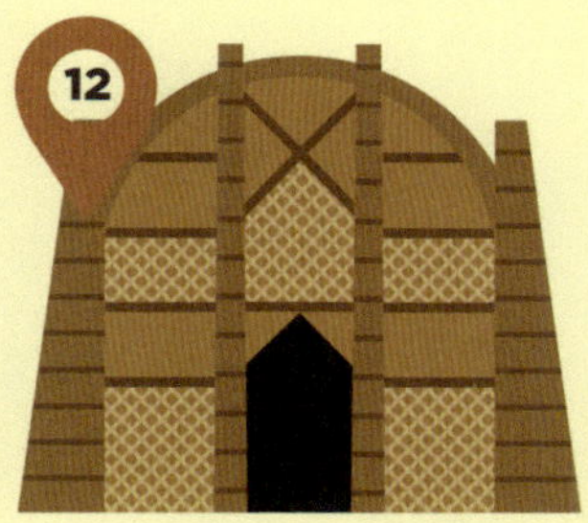

MUDHIF
IRAK

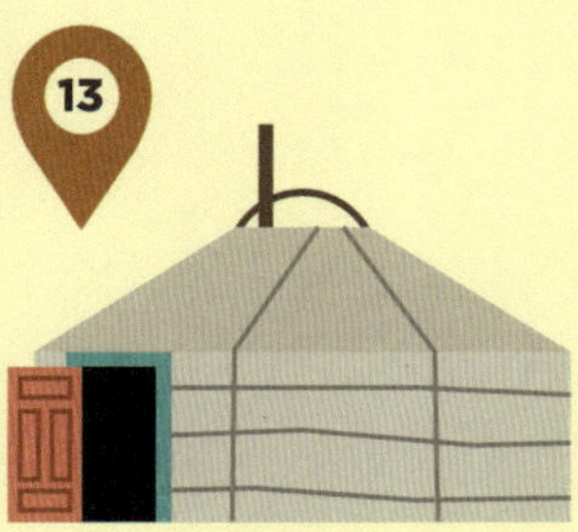

JURTE
MONGOLEI

QUEENS-LANDER
AUSTRALIEN

8·STADTBEWOHNER

ICH LEBE IN BERLIN, DER DEUTSCHEN HAUPTSTADT. ES IST AUCH DIE GRÖSSTE STADT UND MIT ÜBER 4,8 MILLIONEN EINWOHNERN EINE DER AM DICHTESTEN BESIEDELTEN STÄDTE DEUTSCHLANDS. DAS HEISST, AUF EINER BESTIMMTEN FLÄCHE WOHNEN VIELE MENSCHEN.

1. STÄDTE WELTWEIT UND DIE ANZAHL IHRER EINWOHNER

1. Städte nach Einwohnerzahl (Zahlen beziehen sich auf den Ballungsraum bzw. die Metropolregion).

2. Städte nach Bevölkerungsdichte: Einwohner pro km^2. Jede Figur entspricht 1000 Menschen.

3. Die größten Städte im Jahr 1950 (die Farbe zeigt den Kontinent an).

4. Die voraussichtlich größten Städte im Jahr 2030 (die Farbe zeigt den Kontinent an).

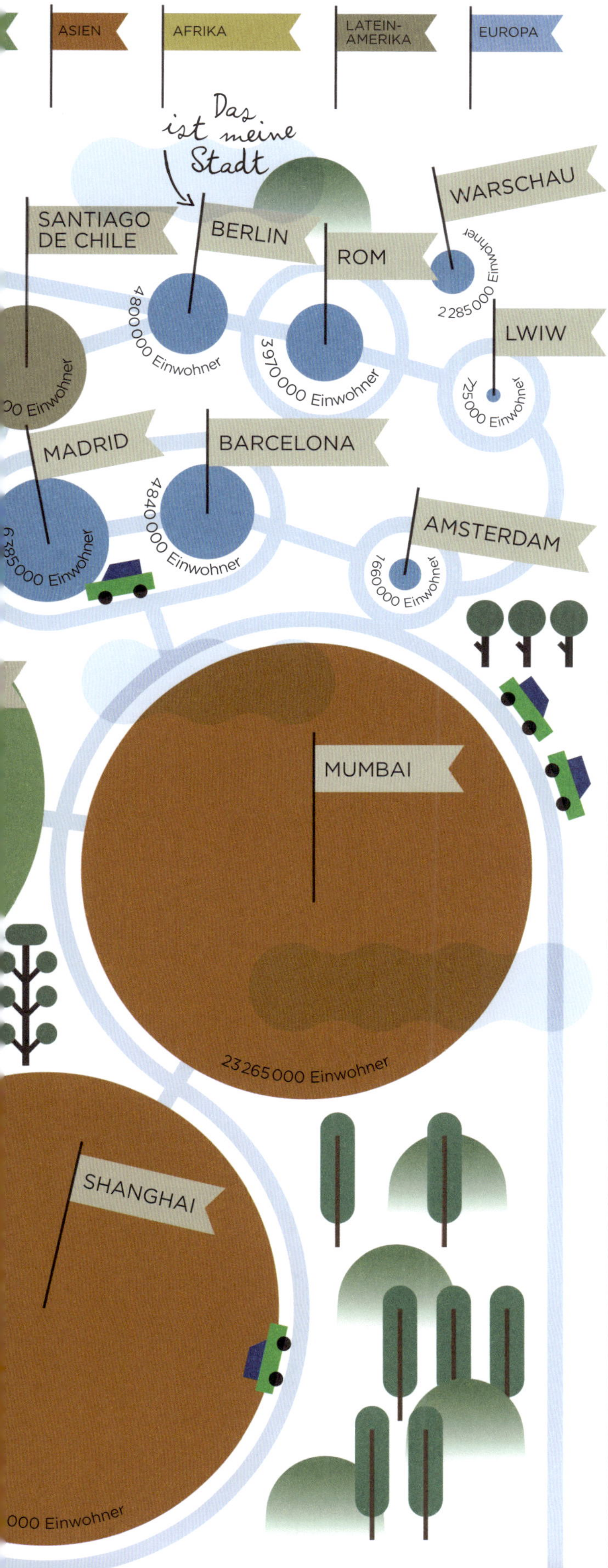

2. BEVÖLKERUNGSDICHTE IN STÄDTEN

3. DIE GRÖSSTEN STÄDTE IM JAHR 1950

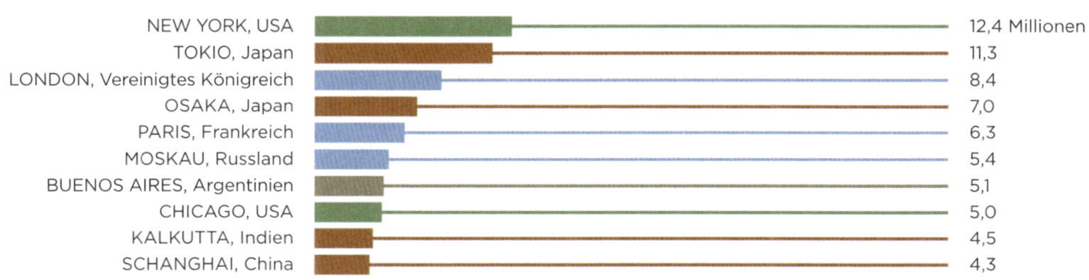

4. DIE GRÖSSTEN STÄDTE IM JAHR 2030

9 · FRÜHSTÜCK RUND UM DIE WELT

Misosuppe, *tamagoyaki* (gerolltes Omelett), ein kleines Stück gegrillter Lachs und Reis oder ein Reisbrei namens *okayu*.

Tostadas mit Olivenöl, Käse und Schinken. Ein Glas Milch mit geschmolzener Schokolade.

Brot, Käseauswahl, Butter, Oliven, Eier, Tomaten, Gurkenscheiben, Marmelade, Honig und *kaymak* (Schichtsahne).

Tartine (ein Stück Baguette) mit Butter und Marmelade, außerdem ein Croissant. Milch oder Orangensaft und etwas Obst.

Eier, *bangers* (Würstchen), gebratener Schweinespeck, weiße Bohnen, Champignons, Tomaten und Toastscheiben.

Phala (Maismehl-Porridge), *chikon-damoyo* (süßer Maiskuchen) und gekochte Kartoffeln. Hibiskussaft mit Zucker.

Brot mit Schinken und Käse. *Bisnaguinha* (Milchbrötchen) mit *requeijão* (sehr mildem cremigen Frischkäse).

Hafragrautur (warmes Hafer-Porridge) mit braunem Zucker, Butter und Ahornsirup, außerdem *súrmjólk* (Sauermilch).

Ein Glas Milch oder *karnemelk* (Buttermilch), eine Scheibe Brot mit Butter und einer dicken Schicht *hagelslag* (Schokostreusel).

ICH DACHTE, DIE KINDER AUF DER GANZEN WELT FRÜHSTÜCKEN DAS GLEICHE WIE ICH. ABER DAS STIMMT GAR NICHT! ES HAT MICH SEHR ÜBERRASCHT, DASS MAN IN KOREA DEN TAG MIT EINER SUPPE BEGINNT, IN JAPAN MIT LACHS – UND IN CHINA MIT HEISSER SOJAMILCH!

Beliebte Frühstückskombinationen aus verschiedenen Ländern.

Verschiedene Sorten frisches Brot, Wurst- und Käseauswahl, Butter und Marmelade.

Rühreier und Brötchenhälften mit Schinken und Tomatenscheibe. Ein Glas Milch.

Frittierter Fisch, drei Gemüsesorten, *kimchi* (Kohlsalat), Sojasauce, Reis und Suppe.

Chilaquiles (frittierte oder geröstete Stücke Maistortilla) mit *huevos rancheros* (Spiegeleier mit Salsa und Bohnen).

Biskuit oder Keks mit Marmelade oder Nutella, eine Schüssel Frühstücksflocken und ein Glas Milch.

Ein gekochtes Ei, Brot mit Marmelade und Käse, manchmal ein *palacinky* (tschechischer Pfannkuchen) mit Beeren und Sahne.

Youtiao (frittierte Teigstangen) und heiße Sojamilch. Außerdem *dimsum* (gedämpfte gefüllte Teigtaschen) oder *congee* (heißer Reisbrei).

Oladi (heiße Pancakes) mit Butter, Marmelade und Beeren. Eine Schale Haferflocken mit Milch.

Torrada con manteiga (Toast mit Butter) mit Schinken, Käse oder Marmelade und Milch oder Fruchtsaft.

10 · STAUS IN DER STADT

1. VERKEHRSREICHSTE STÄDTE DER WELT

1 LOS ANGELES USA

2 MOSKAU Russland

3 NEW YORK USA

4 SÃO PAULO Brasilien

5 SAN FRANCISCO USA

6 BOGOTÁ Kolumbien

7 LONDON Vereinigtes Königreich

8 ATLANTA USA

9 PARIS Frankreich

10 MIAMI USA

11 BANGKOK Thailand

12 JAKARTA Indonesien

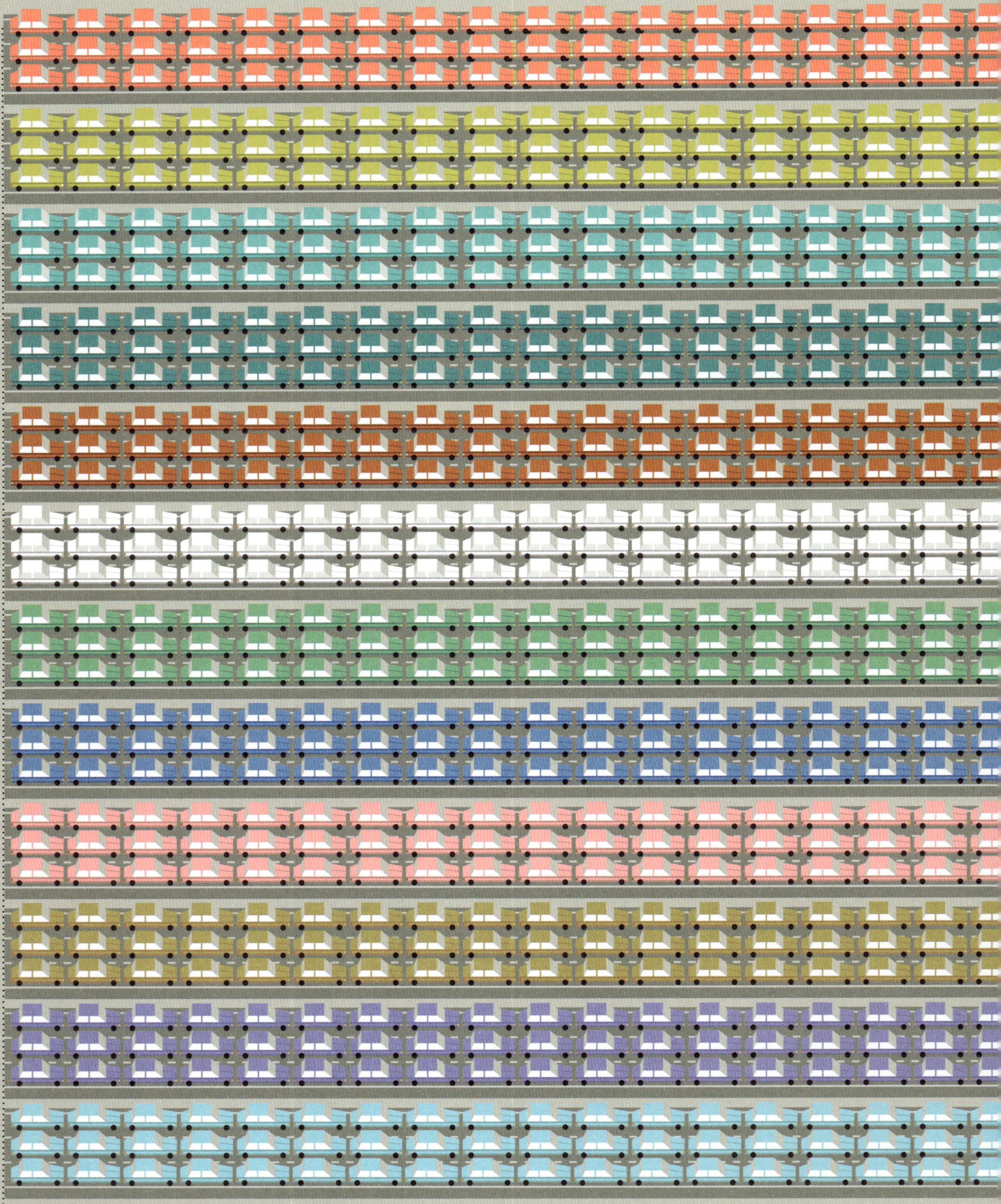

WIR WOHNEN IN DER NÄHE DER SCHULE UND IN UNSEREM STADTVIERTEL IST DER VERKEHR NICHT SO SCHLIMM. DESHALB SIND WIR MIT DEM AUTO IN NUR 8 MINUTEN DORT! ICH HABE GEHÖRT, DASS IN MANCHEN ANDEREN STÄDTEN DIE MENSCHEN ÜBER 1 STUNDE FÜR DIE FAHRT ZUR SCHULE BRAUCHEN UND AUCH SONST VIEL IM AUTO SITZEN.

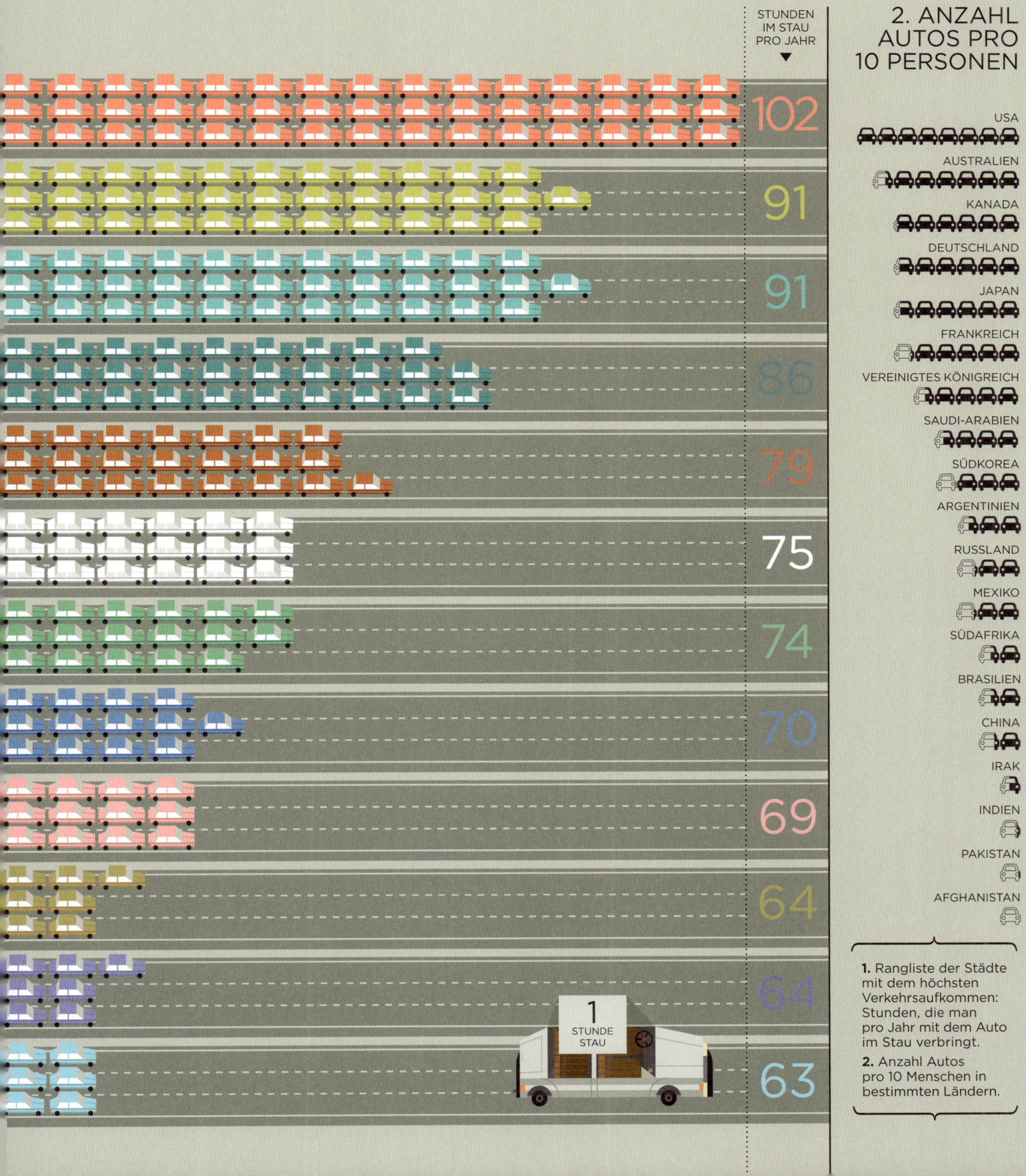

11 · IN DER SCHULE

1. Stunden des Pflichtunterrichts pro Land, unterteilt in Primar- und Sekundarstufe. Jahre gesamt für den Pflichtunterricht.

2.–3. Alter der Kinder bei der Einschulung, prozentuale Verteilung und Weltkarte.

4. Kinder im Grundschulalter, die zwischen 2000 und 2016 nicht die Schule besuchen konnten, in Millionen.

5. Prozentuale Verteilung der Fachrichtungen bei der Studienwahl weltweit.

KINDER VERBRINGEN VIEL ZEIT IN DER SCHULE, ABER NICHT IN ALLEN LÄNDERN SIND DIE SCHULEN GLEICH ORGANISIERT. IN DEUTSCHLAND BEGINNT DIE SCHULPFLICHT MIT 6 JAHREN UND DAUERT FÜR PRIMAR- UND SEKUNDARSTUFE JE NACH BUNDESLAND 9 ODER 10 JAHRE.

ES GIBT IMMER NOCH KINDER AUF DER GANZEN WELT – VOR ALLEM MÄDCHEN –, DIE NICHT DIE SCHULE BESUCHEN KÖNNEN. DOCH GLÜCKLICHERWEISE SINKT IHRE ANZAHL ALLMÄHLICH IMMER WEITER.

1. DAUER DES PFLICHTUNTERRICHTS IN VERSCHIEDENEN LÄNDERN

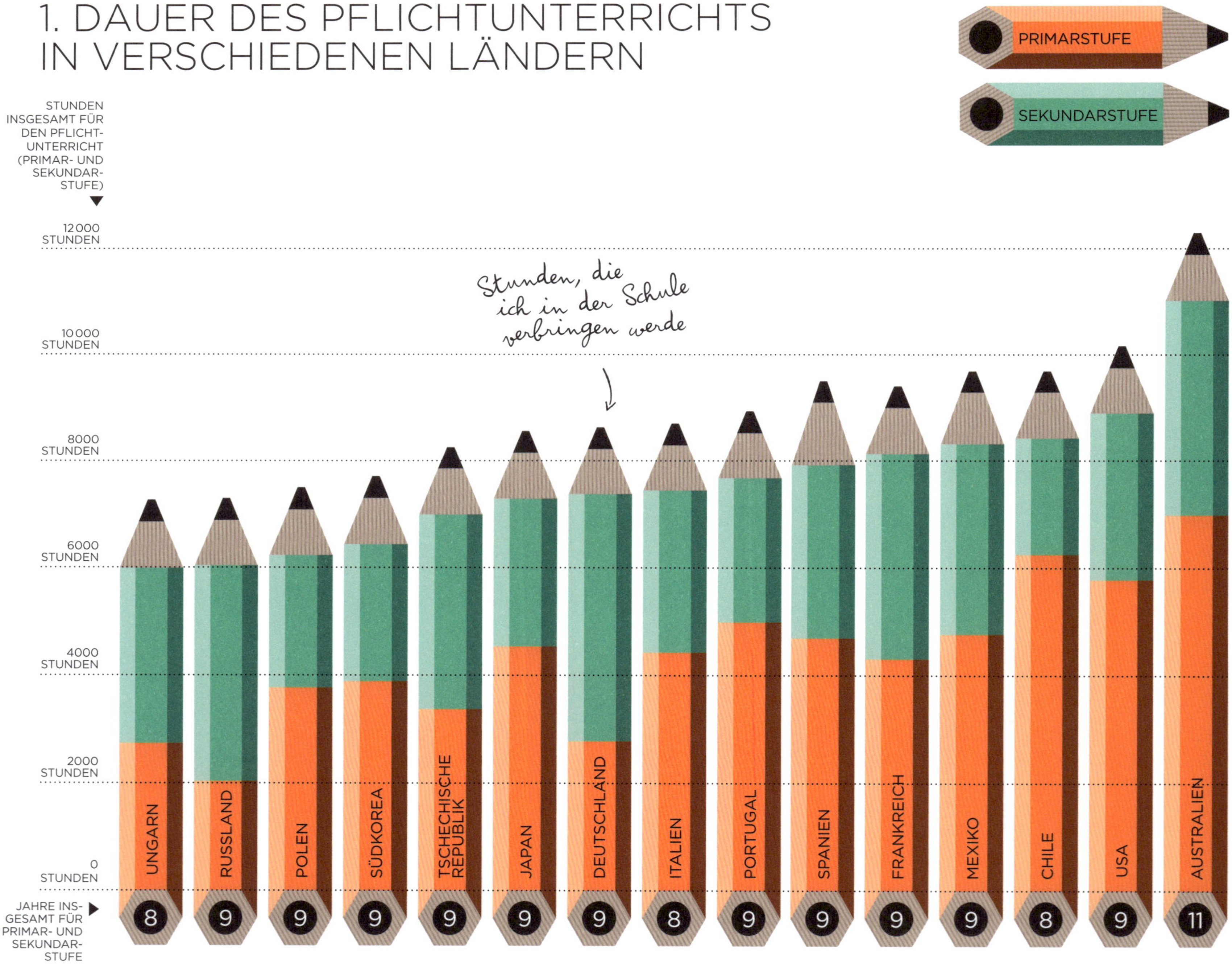

2. ALTER, IN DEM DIE KINDER EINGESCHULT WERDEN

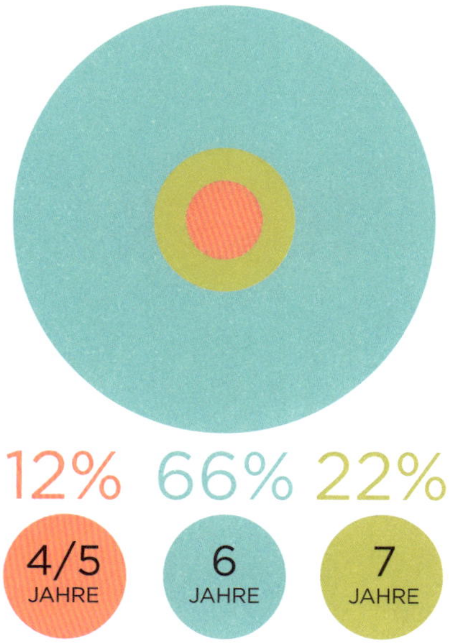

3. NACH LÄNDERN: ALTER BEI DER EINSCHULUNG

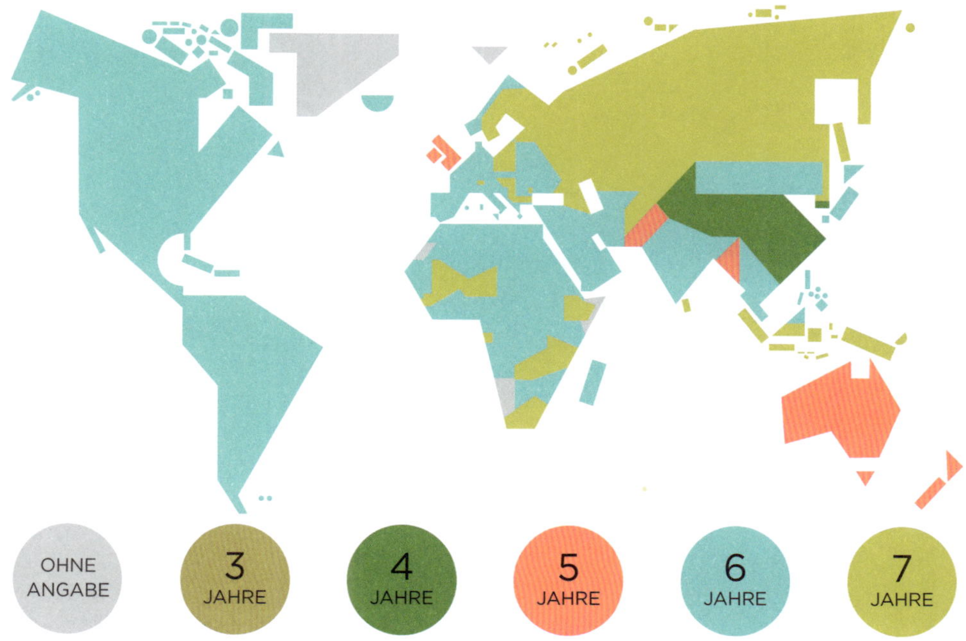

4. KINDER WELTWEIT, DIE NICHT DIE SCHULE BESUCHEN

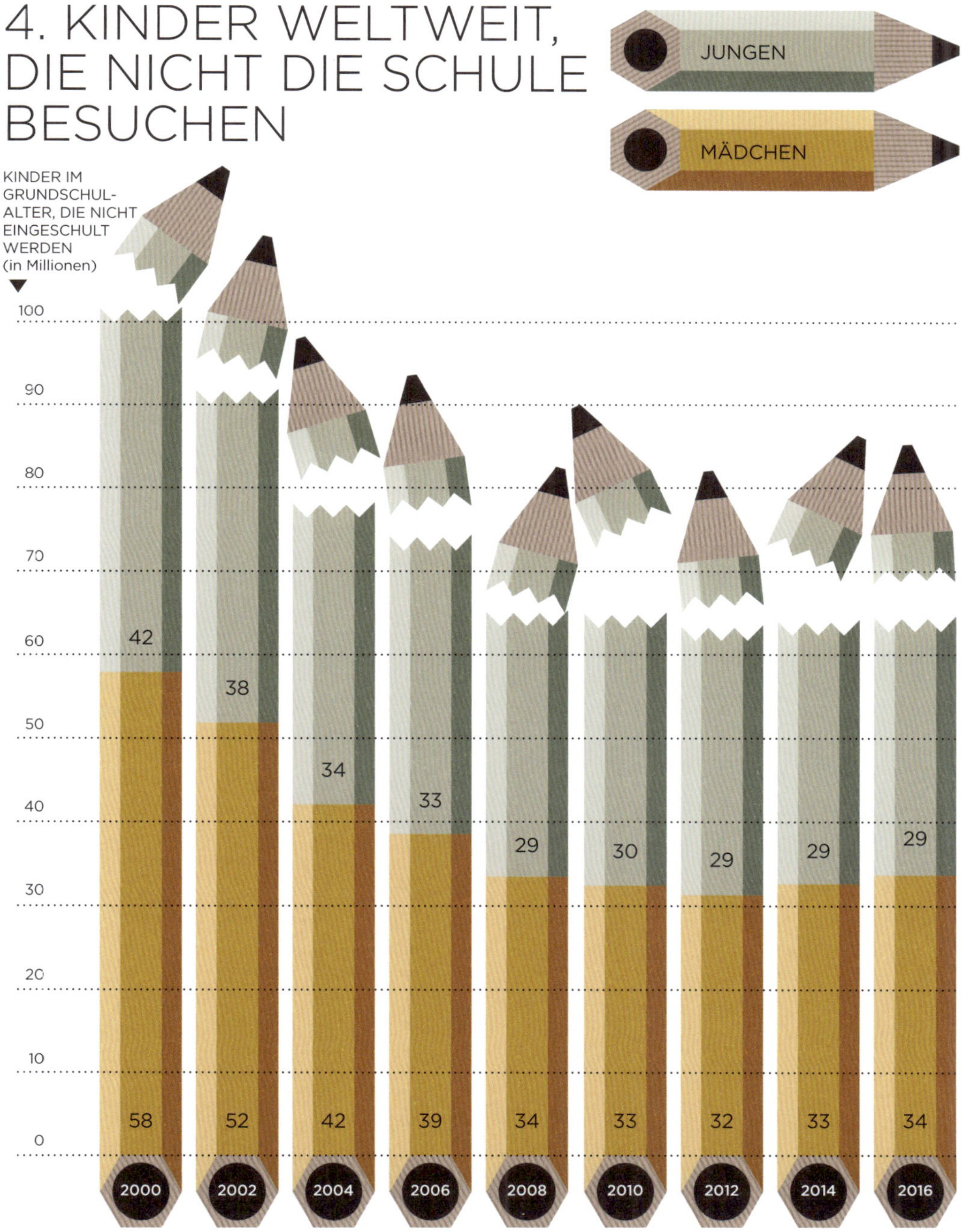

5. WAS STUDIEREN DIE JUNGEN LEUTE WELTWEIT?

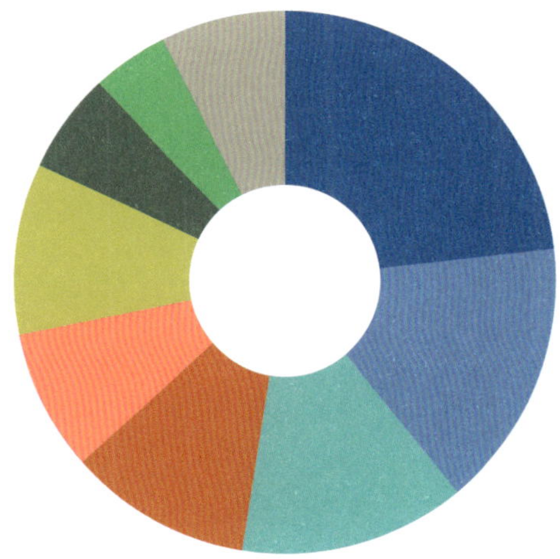

Wirtschaftswissenschaften, Handel und Recht	23%
Technik, Produktion und Bauwesen	16%
Gesundheitswesen	13%
Kunst und Geisteswissen-schaften	11%
Sozialwissenschaften, Journalismus und Informatik	10%
Bildung und Erziehung	9%
Naturwissenschaften, Mathematik und Statistik	6%
Informations- und Kommunikationstechnologie	5%
Andere Fächer	7%

12 · UNIFORMEN

1. Schuluniformen in verschiedenen Ländern.
2. Anzahl der Kinder in einer Grundschulklasse, Durchschnitt zwischen öffentlichen und privaten Schulen, nach Ländern.

2. DURCHSCHNITTLICHE ANZAHL KINDER PRO GRUNDSCHULKLASSE

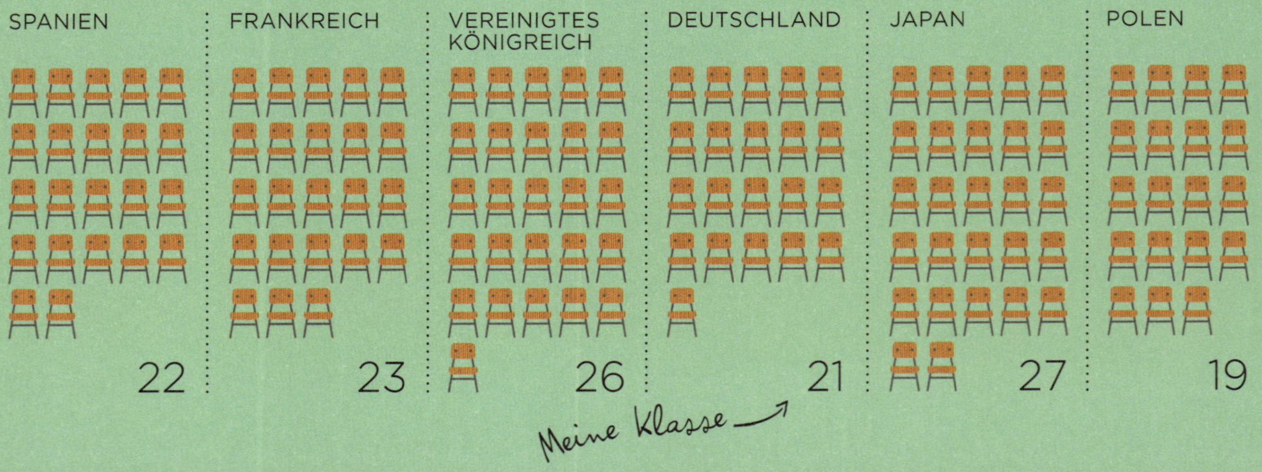

IN DEUTSCHLAND TRAGEN WIR NORMALERWEISE KEINE SCHULUNIFORM. WIR KLEIDEN UNS BEQUEM, ES GIBT NUR MANCHMAL EINE KLEIDERORDNUNG. IN EINIGEN LÄNDERN BRAUCHEN KINDER FÜR DIE SCHULE EINE UNIFORM – OFT SOGAR ZWEI, FÜR SOMMER UND WINTER.

13·ESSEN IN DER SCHULE

Mahlzeiten an einem normalen Schultag in verschiedenen Ländern.

MITTAGS SIND WIR ALLE HUNGRIG! ZUM ESSEN GEHEN WIR IN DIE CAFETERIA UND STELLEN UNS MIT EINEM TABLETT IN DER SCHLANGE AN. AUF DAS TABLETT LADEN WIR DANN DAS ESSEN AUF. ODER WIR VERZEHREN DAS ESSEN, DAS WIR VON ZU HAUSE MITGEBRACHT HABEN. ES WÜRDE MIR SPASS MACHEN, ALLES ZU PROBIEREN, WAS IN ANDEREN LÄNDERN MITTAGS DEN SCHÜLERN SERVIERT WIRD – WIE ZUM BEISPIEL DIESE MAHLZEITEN HIER!

DEUTSCHLAND

Kartoffelbrei mit Frikadellen und Brokkoli, Wasser und Apfelsaft, ein Apfel.

Mein Essen

TSCHECHISCHE REPUBLIK

Kartoffel-Pilz-Suppe, Schweinefleisch in Sauce mit böhmischen Hefeklößen *(knedliky)* und Sauerkraut. Apfelsaft.

VEREINIGTES KÖNIGREICH

Würstchen und Bohnen, eine Ofenkartoffel, Maiskolben, ein Stück Melone und Birnensaft.

BRASILIEN

Reis mit schwarzen Bohnen, Schweinefleisch mit Paprikaschoten, Tomatensalat und ein Körnerbrötchen. Gebackene Banane aus dem Ofen.

KUBA

Erbsensuppe, weißer Reis, Hähnchenkroketten und ein Stück Tarowurzel. Banane als Nachtisch.

CHINA

Warme Suppe mit frischem Gemüse, Reis, gedämpfte Teigtaschen mit Fleisch und Reisnudelsalat.

JAPAN

Misosuppe, Tintenfischbällchen, Lachs, weißer Reis und Milch.

NORWEGEN

Halbiertes Stück Vollkornbaguette mit Wurst, Käse, Gurken- und Tomatenscheiben. Ein Apfel, Trauben und ein Glas Milch.

SCHWEDEN

Gemüseeintopf mit gekochten Kartoffeln und Krautsalat mit Karotten. Eine Scheibe Roggenknäckebrot und Heidelbeersaft.

POLEN

Zupa pomidorowa (Tomatensuppe) mit Nudeln und Petersilie, paniertes Schweinekotelett mit gekochten Kartoffeln und Rohkostsalat aus frischem Gemüse *(surówka)*. Als Nachtisch Apfel, Birne oder Pfirsich.

INDIEN

Gemischte Gerichte *(thali)*: weißer Reis, Linsen-Tamarinden-Suppe *(sambar)*, leicht angebratenes Gemüse mit geräuchertem Kürbis, indischer Frischkäse, Buttermilch und *kesari*, ein süßer Nachtisch aus Grieß.

USA

Panierte Chicken Nuggets mit Ketchup, Kartoffelpüree, grüne Erbsen, Obstsalat und ein Keks mit Schokostückchen.

FINNLAND

Erbsensuppe, Karotten, Rote-Bete-Salat, Brötchen und ein süßer Crêpe mit Beeren als Nachtisch.

SÜDKOREA

Eingelegter Rettich, dreifarbiges Gemüse, *galbizzim* (geschmortes Kalbfleisch), *japgokbab* (Mehrkornreis) und *miyeokguk* (Seetangsuppe mit Rindfleisch).

FRANKREICH

Beefsteak mit grünen Bohnen und Karotten, ein Stück Brie (Käse), Kiwi und ein Apfel.

SPANIEN

Gazpacho, Paella, dreifarbiger Paprikasalat und ein Brötchen. Eine Orange als Nachtisch.

UKRAINE

Borschtsch (Rote-Bete-Suppe) mit Sauerkraut, Würstchen und Püree. Wasser. Als Nachtisch ein süßer Palatschinken (Crêpe).

TANSANIA

Hähnchen mit Sauce, Salat, *ugali* (Getreidebrei aus Maismehl) und Wassermelone. Wasser.

GRIECHENLAND

Hähnchen aus dem Ofen mit *orzo* (Nudeln), gefüllte Weinblätter, Gurken-Tomaten-Salat, Joghurt mit Granatapfelkernen und zwei Mandarinen.

RUSSLAND

Borschtsch (Rote-Bete-Suppe), Kalbskotelett, Buchweizen, Roggenbrot und Apfelsaft.

PORTUGAL

Kichererbsensuppe, gegrillte Sardinen, gekochte Kartoffeln, Tomatensalat und ein Apfel.

14 · HAUSAUFGABEN

WENN ICH MIT MEINER SCHULTASCHE NACH HAUSE KOMME, GIBT ES ALS ERSTES BROTZEIT. DANACH RUHE ICH MICH EIN BISSCHEN AUS, UND DANN STELLEN MIR MAMA UND PAPA AUCH SCHON DIE UNHEILVOLLE FRAGE: „HAST DU HAUSAUFGABEN AUF?". ANSCHEINEND MÜSSEN DIE KINDER IN MANCHEN ANDEREN LÄNDERN VIEL ZEIT FÜR IHRE HAUSAUFGABEN AUFWENDEN. MANCHE AUFGABEN SIND SCHWIERIGER ALS ANDERE, VOR ALLEM DIE IN MATHE!

1. Hausaufgabenmenge (bei 15-jährigen Schülern) in Ländern der OECD, nach Stunden pro Woche.

2. Stunden pro Woche, die die Eltern damit verbringen, ihren Kindern bei den Hausaufgaben zu helfen.

3. Umfrage, wie sehr die Schüler wegen der Mathe-Hausaufgaben gestresst sind, nach Ländern.

1. LÄNDER, IN DENEN DIE KINDER DIE MEISTEN HAUSAUFGABEN HABEN

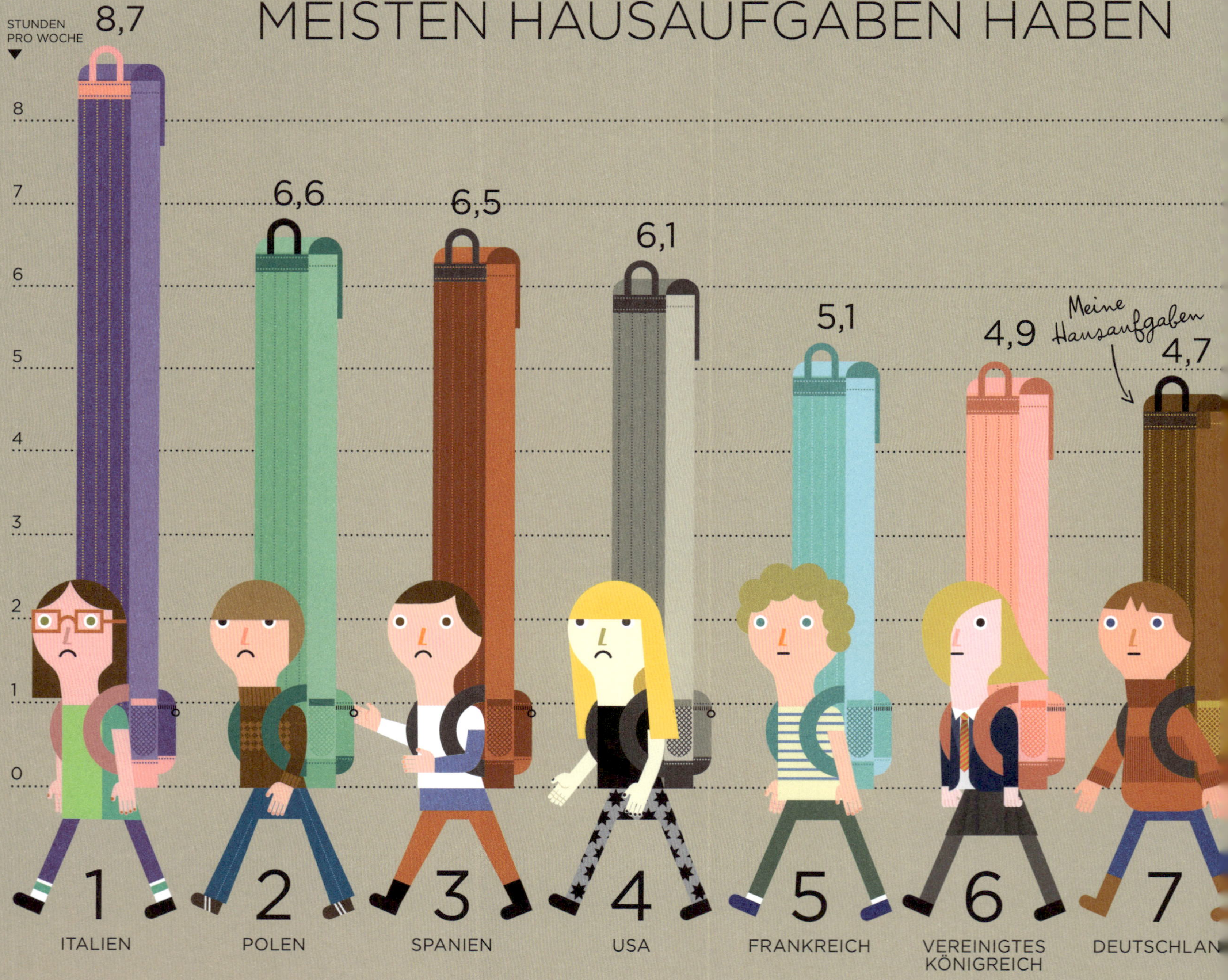

2. ZEIT, DIE ELTERN DEN KINDERN BEI DEN HAUSAUFGABEN HELFEN

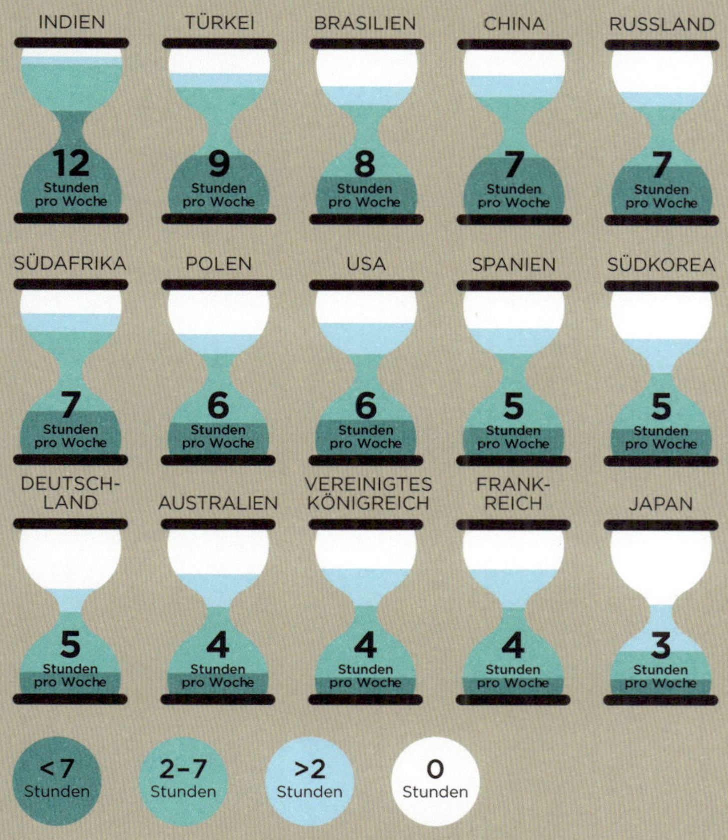

3. WO SIND DIE SCHÜLER AM STÄRKSTEN VON DEN MATHE-HAUSAUFGABEN GESTRESST?

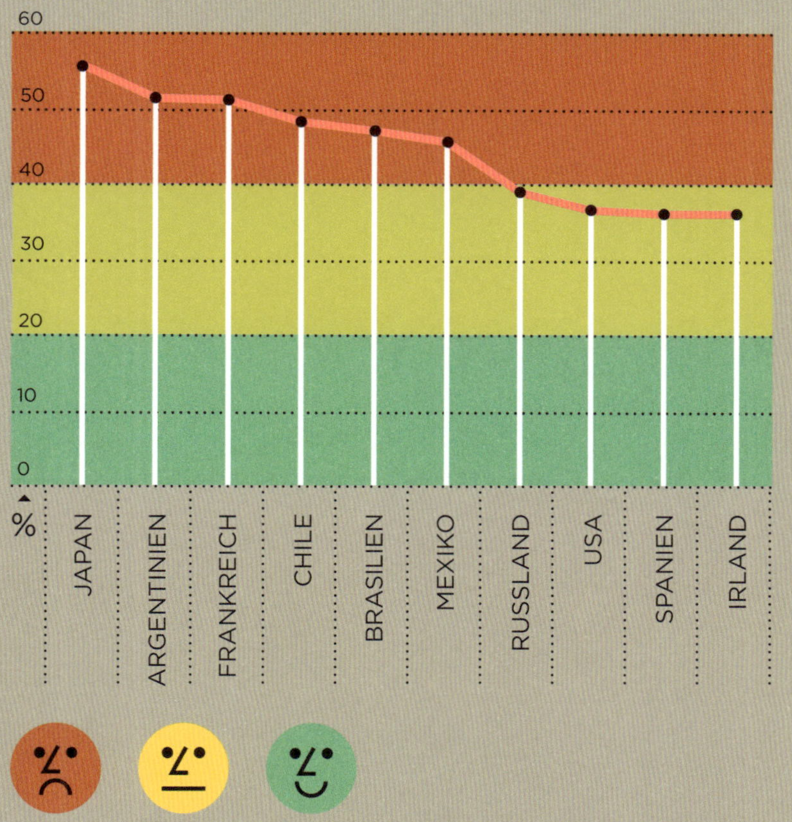

15 · INTERNET UND SOZIALE NETZWERKE

1. MAXIMALE ZEIT PRO TAG, DIE ELTERN ERLAUBEN

%

4,6%
20,7%
48,3%
20,5%
5,9%

Kein Limit · <1 h · 1–2 h · 3–4 h · 4+ h

2. DURCHSCHNITTLICHE ZEIT, DIE KINDER PRO WOCHE IM INTERNET VERBRINGEN

STUNDEN

39
30
27

Haben ein eigenes Mobiltelefon und nutzen aktiv soziale Netzwerke.

Haben ein eigenes Mobiltelefon, aber nutzen nicht aktiv soziale Netzwerke.

Haben kein eigenes Mobiltelefon.

3. ZUGANG, DEN KINDER NUTZEN, UM INS INTERNET ZU GEHEN

ENDLICH BIN ICH MIT DEN HAUSAUFGABEN FERTIG UND KANN ENTSPANNEN. MEINE ELTERN ERLAUBEN MIR, DASS ICH EIN BISSCHEN INS INTERNET GEHE UND SOZIALE NETZWERKE NUTZE. WENN ICH ONLINE BIN, VERGEHT DIE ZEIT SEHR SCHNELL! MEINE MUTTER SAGT MIR SCHON BALD, DASS ICH MICH WIEDER AUSLOGGEN UND INS BETT GEHEN SOLL.

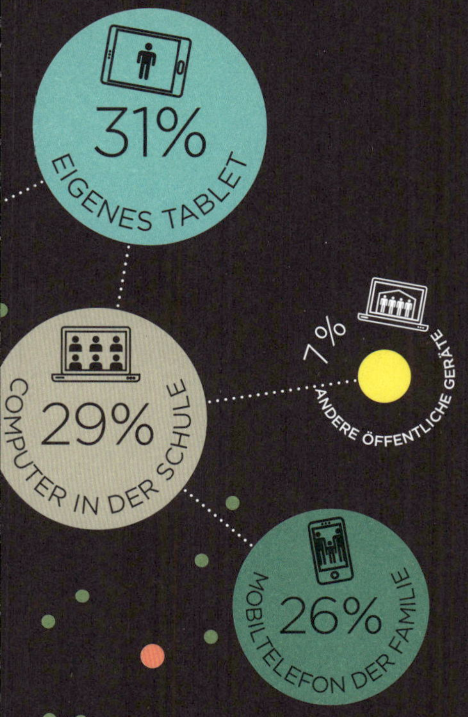

4. AM HÄUFIGSTEN GENUTZTE SOZIALE NETZWERKE

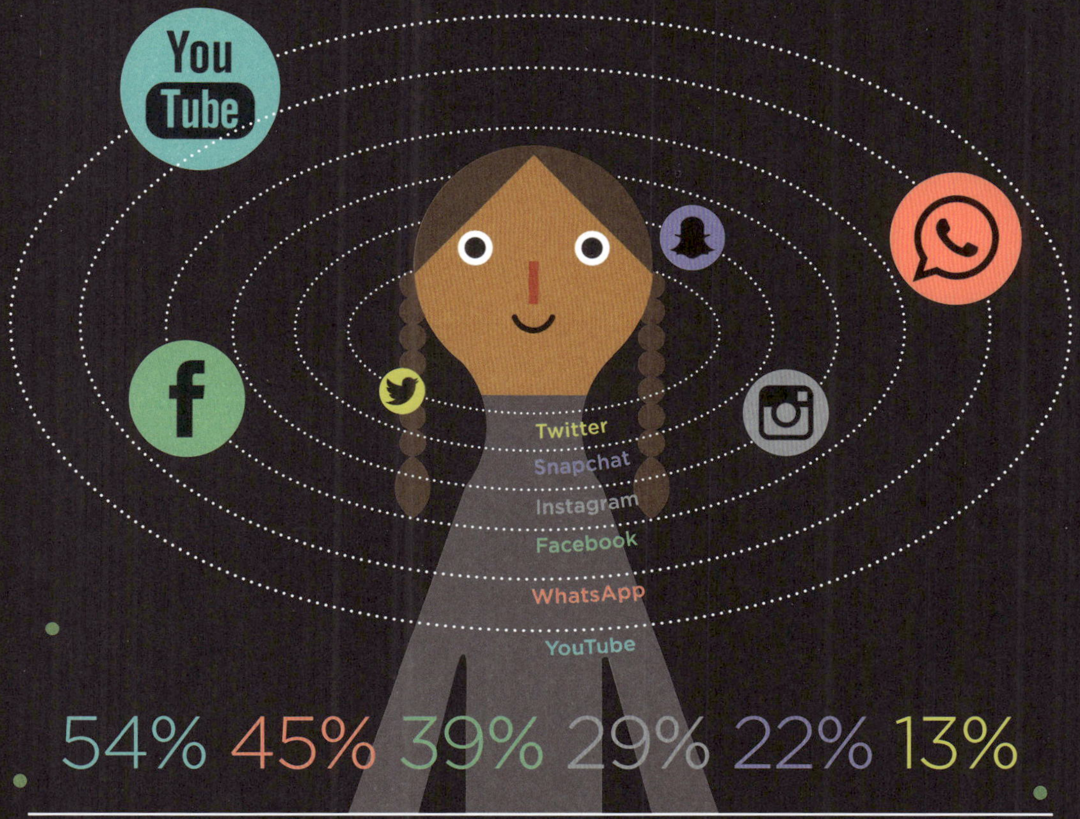

5. ALTERSBESCHRÄNKUNGEN IN DEN SOZIALEN NETZWERKEN

1. Prozentuale Verteilung des Zeitlimits, das die Eltern für die Internetnutzung festlegen.

2. Stunden, die Kinder pro Woche im Internet verbringen, je nachdem, ob sie ein eigenes Mobiltelefon haben oder nicht.

3. Prozentuale Verteilung der Geräte, mit denen die Kinder online gehen.

4. Prozentuale Verteilung der am häufigsten genutzten Plattformen.

5. Altersbeschränkungen, die die sozialen Netzwerke vorgeben.

16 · LESEN

VOR DEM EINSCHLAFEN UND VOR ALLEM AM WOCHENENDE HABE ICH ZEIT ZUM LESEN. IN DER SCHULE BEKOMMEN WIR BESTIMMTE BÜCHER ALS SCHULLEKTÜRE VORGESCHRIEBEN, ABER IN MEINER FREIZEIT LESE ICH LIEBER ETWAS ANDERES, WIE ZUM BEISPIEL *HARRY POTTER*. IN MANCHEN LÄNDERN LESEN DIE MENSCHEN MEHR ALS IN ANDEREN!

1. Bücher, von denen in den letzten 50 Jahren die meisten Exemplare gedruckt und verkauft wurden.

2. Verpflichtende Schullektüren in verschiedenen Ländern.

3. Länder weltweit, in denen die Menschen am meisten lesen, in Stunden pro Woche.

1. DIE 10 MEISTGELESENEN BÜCHER DER WELT

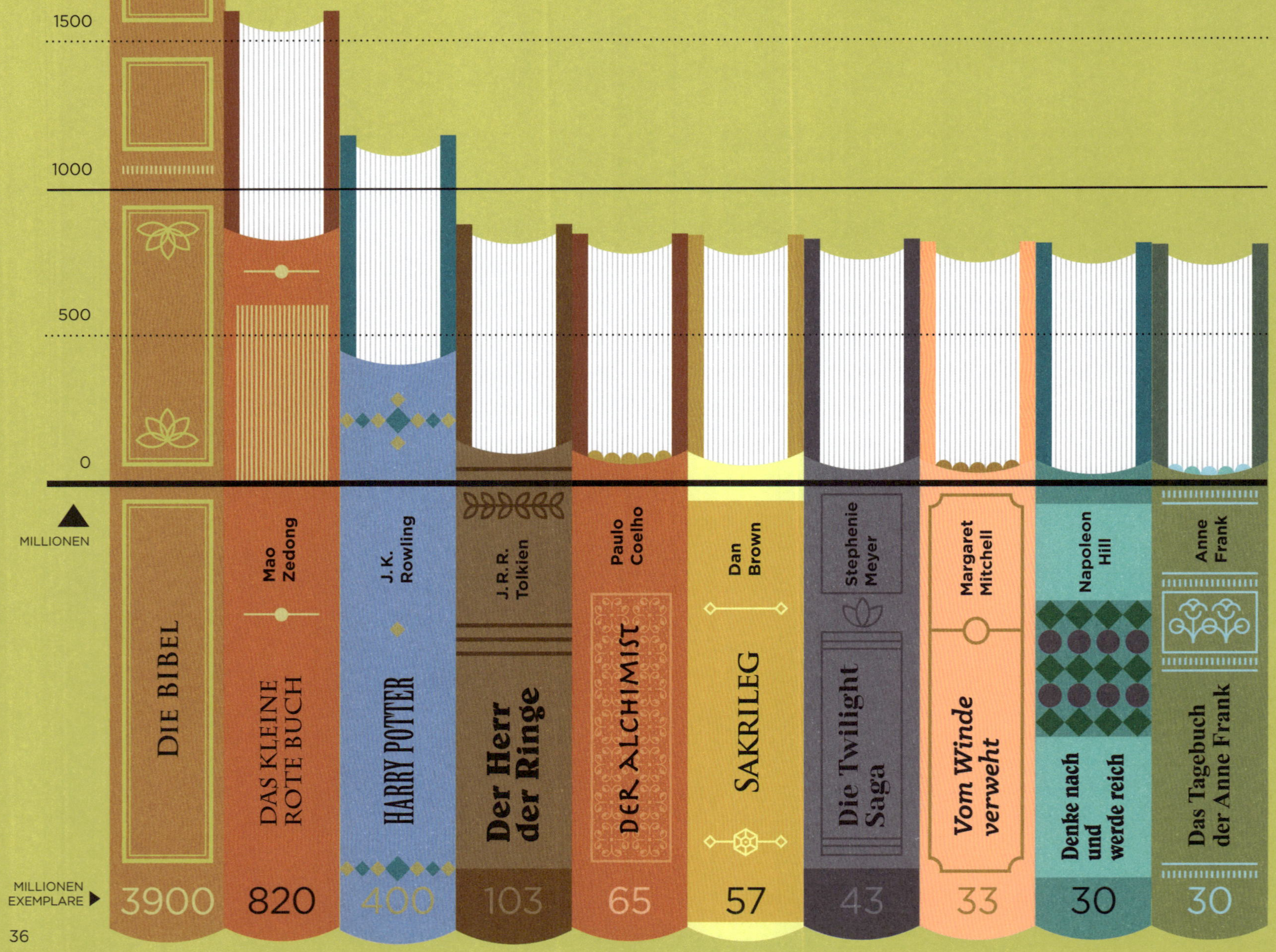

2. SCHULLEKTÜREN, DIE IN VERSCHIEDENEN LÄNDERN PFLICHT SIND

Morgen war Krieg	John Marsden	AUSTRALIEN
Faust	Johann Wolfgang von Goethe	ÖSTERREICH
Tod und Leben des Severino	João Cabral de Melo Neto	BRASILIEN
Der Krieg und die Kröte	Timothy Findley	KANADA
Sub Terra	Baldomero Lillo	CHILE
Gespräche oder Analekten	Konfuzius	CHINA
Hundert Jahre Einsamkeit	Gabriel García Márquez	KOLUMBIEN
Die Tage	Taha Hussein	ÄGYPTEN
Die sieben Brüder	Aleksis Kivi	FINNLAND
Der kleine Prinz	Antoine de Saint-Exupéry	FRANKREICH
Das Tagebuch der Anne Frank	Anne Frank	DEUTSCHLAND
Alles zerfällt	Chinua Achebe	GHANA NIGERIA
Autobiografie: Die Geschichte meiner Experimente mit der Wahrheit	Mahatma Gandhi	INDIEN
Das Memorial	José Saramago	PORTUGAL
Die Verlobten	Alessandro Manzoni	ITALIEN
Pan Tadeusz	Adam Mickiewicz	POLEN
Krieg und Frieden	Leo Tolstoj	RUSSLAND
Don Quijote de la Mancha	Miguel de Cervantes Saavedra	SPANIEN
Wer die Nachtigall stört	Harper Lee	USA
Die Verwandlung	Franz Kafka	TSCHECHISCHE REPUBLIK

Das werde ich lesen!

3. LÄNDER, IN DENEN AM MEISTEN GELESEN WIRD

Land	STUNDEN
INDIEN	10:42
THAILAND	9:24
CHINA	8:00
PHILIPPINEN	7:36
ÄGYPTEN	7:30
TSCHECHISCHE REPUBLIK	7:24
RUSSLAND	7:06
SCHWEDEN	6:54
FRANKREICH	6:54
UNGARN	6:48
SAUDI-ARABIEN	6:48
HONGKONG	6:42
POLEN	6:30
VENEZUELA	6:24
SÜDAFRIKA	6:18
AUSTRALIEN	6:18
INDONESIEN	6:00
ARGENTINIEN	5:54
TÜRKEI	5:54
SPANIEN	5:48
KANADA	5:48
DEUTSCHLAND	5:42
USA	5:42
ITALIEN	5:36
MEXIKO	5:30
VEREINIGTES KÖNIGREICH	5:18
BRASILIEN	5:12
TAIWAN	5:00
JAPAN	4:06
KOREA	3:06

Im Vergleich: Stunden, die ein Mensch pro Woche im weltweiten Durchschnitt mit Fernsehen verbringt:

Fernsehen	17:00

17 · SPORT
IN ALLER WELT

1. Weltkarte: Sportarten mit den meisten Fans in den Ländern weltweit.

2. Rangliste der Sportarten, die weltweit am häufigsten ausgeübt werden (Sportler in Millionen).

1. DIE SPORTARTEN MIT DEN MEISTEN ZUSCHAUERN IN DEN LÄNDERN WELTWEIT

IN DER SCHULE UND AM WOCHENENDE TREIBE ICH SPORT. AM LIEBSTEN MAG ICH SCHWIMMEN. JEDES LAND HAT SEINE POPULÄRSTEN SPORTARTEN. IN DEUTSCHLAND UND VIELEN ANDEREN LÄNDERN GEHÖRT FUSSBALL DAZU – AUF JEDEN FALL ZIEHT ER DIE MEISTEN ZUSCHAUER AN!

2. SPORTARTEN, DIE WELTWEIT AM HÄUFIGSTEN AUSGEÜBT WERDEN

Millionen Sporttreibende

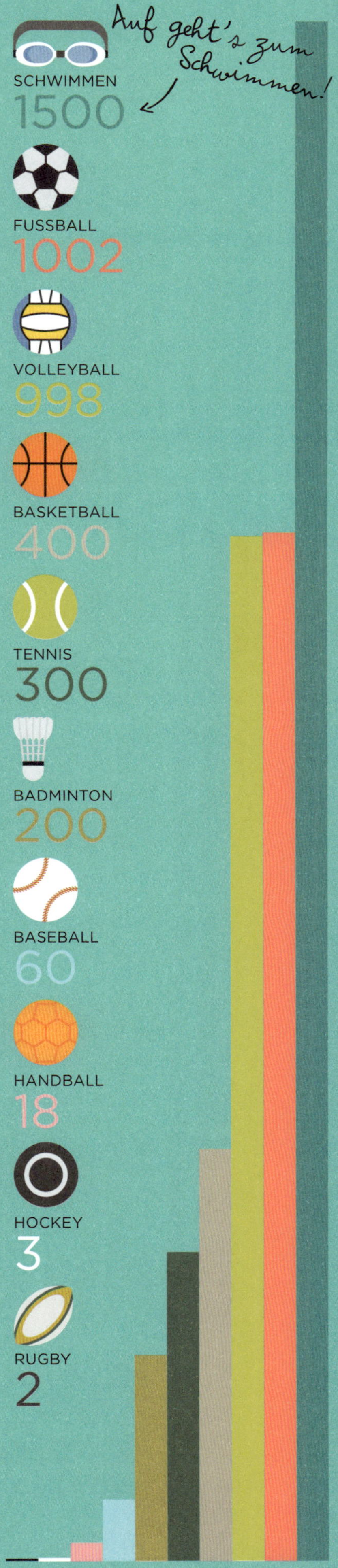

18 · SPIELE FÜR KINDER WELTWEIT

Kinderspiele in verschiedenen Ländern.

1 **Dinifri**
MAROKKO

Zwei Teams mit je 5 Mitgliedern stehen sich am Rand eines Vierecks gegenüber, in dem ein Turm aus Steinen aufgebaut ist. Sie werfen abwechselnd einen Stock, um den Turm zum Einsturz zu bringen.

2 **Kabaddi**
BANGLADESCH/INDIEN

Zwei Teams mit je 7 Mitgliedern spielen auf einem zweigeteilten Spielfeld. Ein Team bestimmt ein Kind als *raider*. Es muss auf die gegnerische Hälfte rennen, dort einen Gegner abschlagen (der dann ausscheidet) und auf seine Spielfeldhälfte zurückkehren, ohne sich fangen zu lassen; dafür bekommt sein Team einen Punkt. Wird es erwischt, geht der Punkt an das andere Team. Wenn der *raider* das gegnerische Feld betritt, singt er *„kabaddi, kabaddi, kabaddi"*. Die Verteidiger versuchen dann, ihn einzukreisen.

3 **Tag**
VEREINIGTES KÖNIGREICH

In diesem Spiel, auch *tig* genannt, rennen alle vor einem Kind (*it*) weg, das versuchen muss, ein anderes Kind zu fangen (indem es das Kind berührt). Wenn das gelingt, sagt der Fänger *„tag, you are it!"* („Erwischt, du bist's!"), und das andere Kind wird zum Fänger. In manchen Spielvarianten scheidet es aus, bis *it* alle Kinder erwischt hat.

7 **Ten Ten**
NIGERIA

In diesem Klatsch- und Bewegungsspiel stehen sich zwei Spieler gegenüber. Sie klatschen, singen *„ten ten"* und tanzen. Dabei strecken sie in einem bestimmten Rhythmus den rechten oder linken Fuß nach vorn. Das Kind, das jeweils „an der Reihe ist", muss immer den gleichen Fuß nach vorne strecken wie sein Gegenspieler, sonst bekommt dieser einen Punkt.

8 **La rayuela**
SPANIEN

Die Kinder zeichnen mit weißer Kreide ein Muster mit 9 oder 10 Feldern auf den Boden. Nacheinander wirft jedes Kind einen Stein in das erste Feld und hüpft dann auf 1 bzw. 2 Beinen über alle Felder und zurück. In der zweiten Runde wird der Stein in das zweite Feld geworfen und so weiter.

9 **La víbora de la mar**
MEXIKO

Zwei Kinder stellen sich gegenüber auf und formen mit ihren Armen einen Bogen. Die übrigen Kinder bilden eine „Seeschlange" (das bedeutet der Titel des Spiels) und gehen im Rhythmus eines Lieds unter dem Bogen hindurch. Das Lied bricht plötzlich ab. Das Kind, das sich jetzt unter dem Bogen befindet, wird gefangen und scheidet aus.

10 **Corre, Corre, la Guaraca**
CHILE

Alle Kinder setzen sich in einem Kreis auf den Boden, nur ein Kind geht mit einem Tuch außen um den Kreis herum. Die Sitzenden singen ein Lied: *„¡Corre, Corre, la Guaraca…!"* („Lauf, lauf, Guaraca…!"). Sie dürfen sich nicht umschauen, während das herumlaufende Kind versucht, das Tuch hinter dem Rücken eines Kindes fallen zu lassen, ohne dass dieses es merkt; gelingt das, dann scheidet das sitzende Kind aus.

15 **Cache-cache**
FRANKREICH

Dieses alte Spiel ist sehr beliebt. Ein Kind schließt die Augen und zählt bis 100, während sich die anderen verstecken. Das Kind öffnet die Augen und versucht, die anderen zu finden. Der erste Mitspieler, der entdeckt wird, muss jetzt suchen. Wer übrig bleibt, ist Sieger.

16 **Pilolo**
GHANA

Ein Kind wird ausgewählt, das die Zeit festlegt und kontrolliert. Während die anderen wegschauen, versteckt es einige Stöcke und Steine. Dann ruft es *„pilolo!"* („Zeit zu suchen!") und die anderen suchen. Wer als Erster etwas findet, bekommt die meisten Punkte.

17 **Fang den Schwanz des Drachen**
CHINA

Die Kinder stellen sich hintereinander auf und legen ihre Hände auf die Schultern des Kindes vor ihnen. Das erste Kind ist der Kopf des Drachen und muss den Schwanz, also das letzte Kind, fangen. Die anderen müssen das verhindern. Hat der „Kopf" Erfolg, tauschen die Kinder ihre Plätze.

AM WOCHENENDE SPIELE ICH GERN MIT MEINEN FREUNDEN IM PARK. MANCHE SPIELE GIBT ES SEIT VIELEN JAHREN, SIE WURDEN SCHON VON UNSEREN ELTERN GESPIELT. ANDERE ERFINDEN WIR SPONTAN SELBST. IN ALLEN LÄNDERN DER WELT GIBT ES SOLCHE KINDERSPIELE – SIE SIND SOGAR OFT SEHR ÄHNLICH UND HABEN NUR ETWAS ANDERE REGELN. NATÜRLICH HEISSEN SIE AUCH ANDERS.

4 Dodgeball
USA

Von diesem Spiel gibt es mehrere Versionen. In der Regel sind zwei Teams mit je 6 Spielern im Einsatz und jedes Team verfügt über 3 Bälle. Das Ziel ist das „Abschießen" aller Spieler der gegnerischen Mannschaft (die dann ausscheiden), indem man sie mit einem Ball unterhalb der Schultern trifft.

5 Kho Kho
INDIEN

Dieses Fangspiel wird mit 2 Teams à 12 Kindern gespielt, von denen nur jeweils 9 auf dem Spielfeld sind. Ziel ist es, sich nicht von einem Mitglied der gegnerischen Mannschaft abschlagen zu lassen.

6 Shadows
IRLAND

Die Spieler müssen ihren Gegner fangen, indem sie auf dessen Schatten treten. Das „gefangene" Kind wird zum Fänger. Wenn du gejagt wirst, kannst du an eine Stelle ohne Sonne laufen – dort gibt es keinen Schatten und du bist sicher.

11 Agalmata
GRIECHENLAND

Einem Kind, das in der Mitte steht, werden die Augen verbunden. Es zählt laut, während die anderen Kinder tanzen und laufen. Plötzlich ruft das Kind in der Mitte *„agalmata!"* (das heißt „Statue" auf Griechisch). Alle bleiben regungslos stehen – wer sich bewegt, fliegt raus! Dabei wird viel gelacht!

12 Te-tsunagi Oni
JAPAN

Ein Spieler muss die anderen fangen. Wen er erwischt, den nimmt er an der Hand, und gemeinsam jagen sie die anderen. Wenn die Reihe der Fänger sehr lang ist, kann sie halbiert werden, die Hälften spielen weiter. Das Spiel endet, wenn alle Spieler gefangen worden sind.

13 Ice cubes
AUSTRALIEN

Die Kinder bilden mehrere Teams mit 3 oder 4 Spielern. Jeder Spieler bekommt einen Eiswürfel. Gewinner ist das Team, dessen Mitglieder alle Eiswürfel nur mit den Händen zum Schmelzen gebracht haben.

14 Podchody
POLEN

Das ist ein Spiel für draußen, am besten spielt man es im Wald. Es gibt 2 Gruppen: Eine Gruppe flieht und hinterlässt Hinweise in Form von Zetteln, Pfeilen aus Stöcken, Buchstaben oder Zeichen. Die zweite Gruppe muss die erste erwischen.

18 Piovra
ITALIEN

Ein Kind ist der „Krake" (italienisch „piovra") und bleibt still stehen. Die anderen Kinder stellen sich etwa 20 Schritte entfernt auf. In einem bestimmten Moment laufen alle auf den Kraken zu, aber ohne sich fangen zu lassen. Der Krake kann sich nur seitwärts bewegen. Wenn er jemanden berührt, verwandelt sich dieser in einen Babykraken und kann nur noch die Arme bewegen. Wenn alle gefangen sind, wird der erste Gefangene zum Kraken.

19 Topfschlagen
DEUTSCHLAND

In einem Zimmer wird ein Topf umgekehrt auf den Boden gestellt, unter dem Süßigkeiten versteckt sind. Ein Kind bekommt die Augen verbunden und wird in das Zimmer geführt. Es bekommt einen Holzlöffel in die Hand und muss durch Schlagen den Topf finden. Wenn es ihn findet, darf es die Süßigkeiten essen!

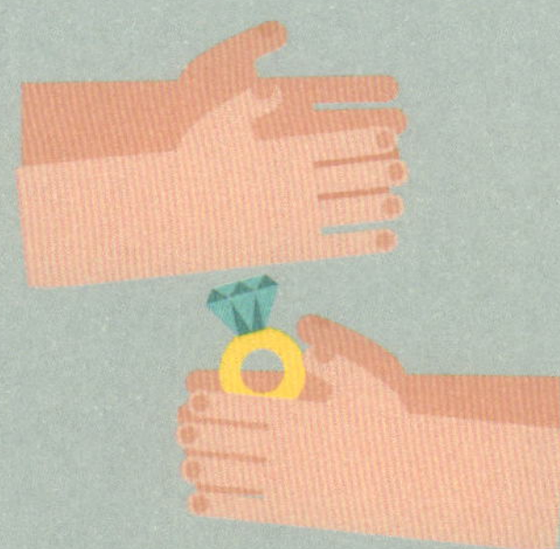

20 Kaletschko-Kaletschko
RUSSLAND

Die Kinder sitzen im Kreis und haben ihre Hände gefaltet (aber leicht geöffnet) vor sich. Ein Spieler hält in seinen gefalteten Händen einen Ring. Er geht zu jedem Kind, legt seine Hände auf dessen Hände und versucht, den Ring unbemerkt weiterzugeben. Nach der Runde muss ein Kind erraten, wo sich der Ring befindet.

19 · SOMMERFERIEN

ENDLICH SIND DIE GROSSEN FERIEN DA! IN DEUTSCHLAND DAUERN SIE ETWA 6 WOCHEN, ABER IN MANCHEN LÄNDERN HABEN DIE KINDER IM SOMMER BIS ZU 13 WOCHEN FREI! ANDERSWO (AUCH IN DEUTSCHLAND) GIBT ES DAFÜR WÄHREND DES SCHULJAHRS MEHR KURZE FERIEN UND FEIERTAGE.

IM AUGUST, WENN MEINE ELTERN AUCH URLAUB HABEN, VERREISEN WIR ZUSAMMEN. MEINE GROSSELTERN SAGEN, IN IHRER JUGEND IST MAN NICHT SO VIEL GEREIST WIE HEUTE.

1. Dauer der Sommerferien in verschiedenen Ländern, in Wochen.

2. Wachstum des internationalen Tourismus seit 1990, in Millionen Touristen insgesamt.

3. Die meistbesuchten Länder weltweit, internationale Touristen in Millionen.

1. DAUER DER SCHULFERIEN IM SOMMER, IN WOCHEN

2. ANZAHL DER INTERNATIONALEN TOURISTEN

3. DIE LÄNDER, DIE VON DEN MEISTEN TOURISTEN BESUCHT WERDEN

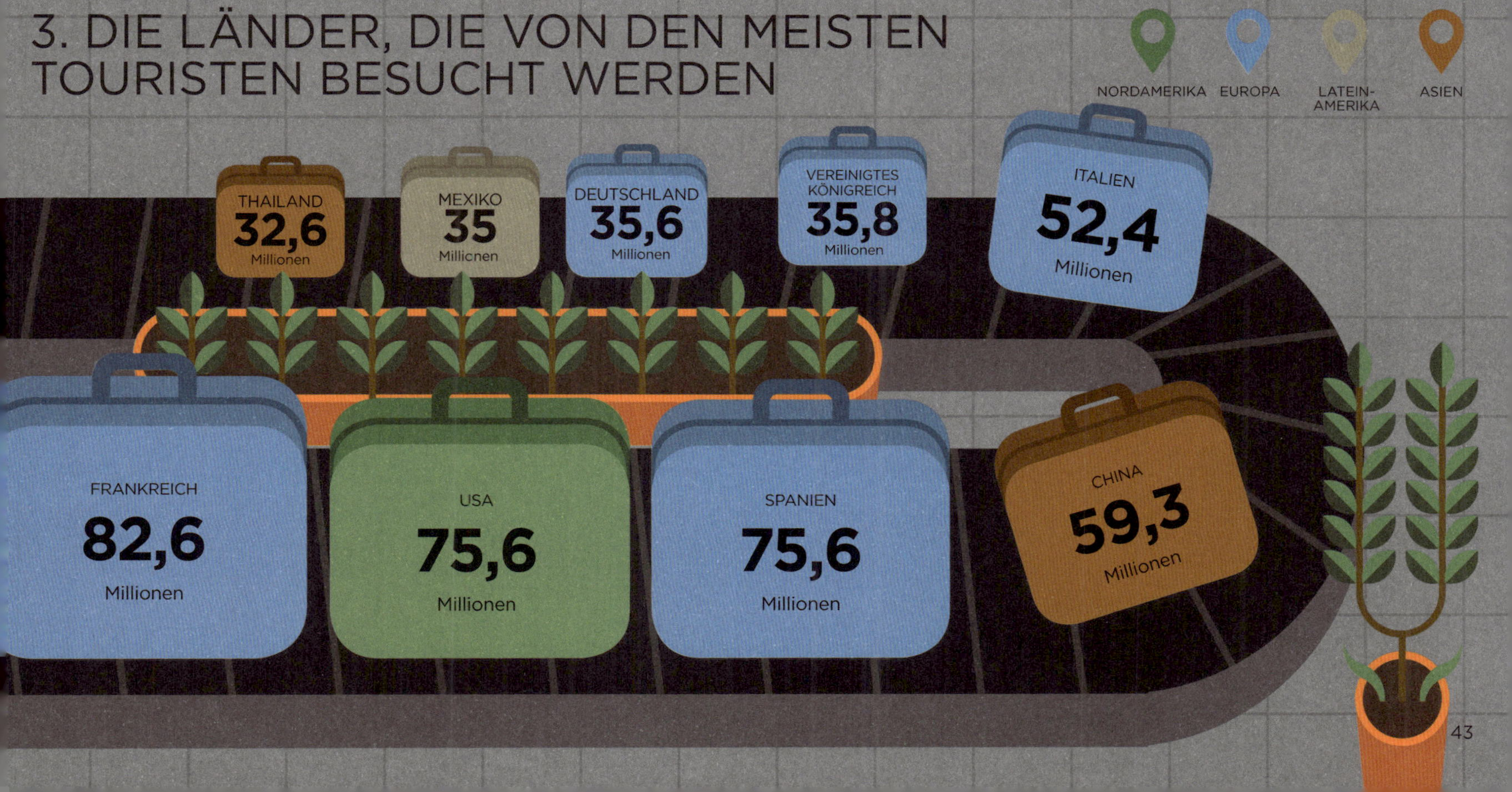

20 · STÄDTE
MIT VIELEN TOURISTEN

1. Rangliste der meistbesuchten Städte der Welt, Besucher in Millionen pro Jahr (Aufenthalt von jeweils mindestens 24 Stunden).

2. Rangliste der meistbesuchten Museen der Welt, Besucher in Millionen pro Jahr (jede Figur entspricht 1 Million Besuchern).

1. STÄDTE DER WELT MIT DEN MEISTEN BESUCHERN

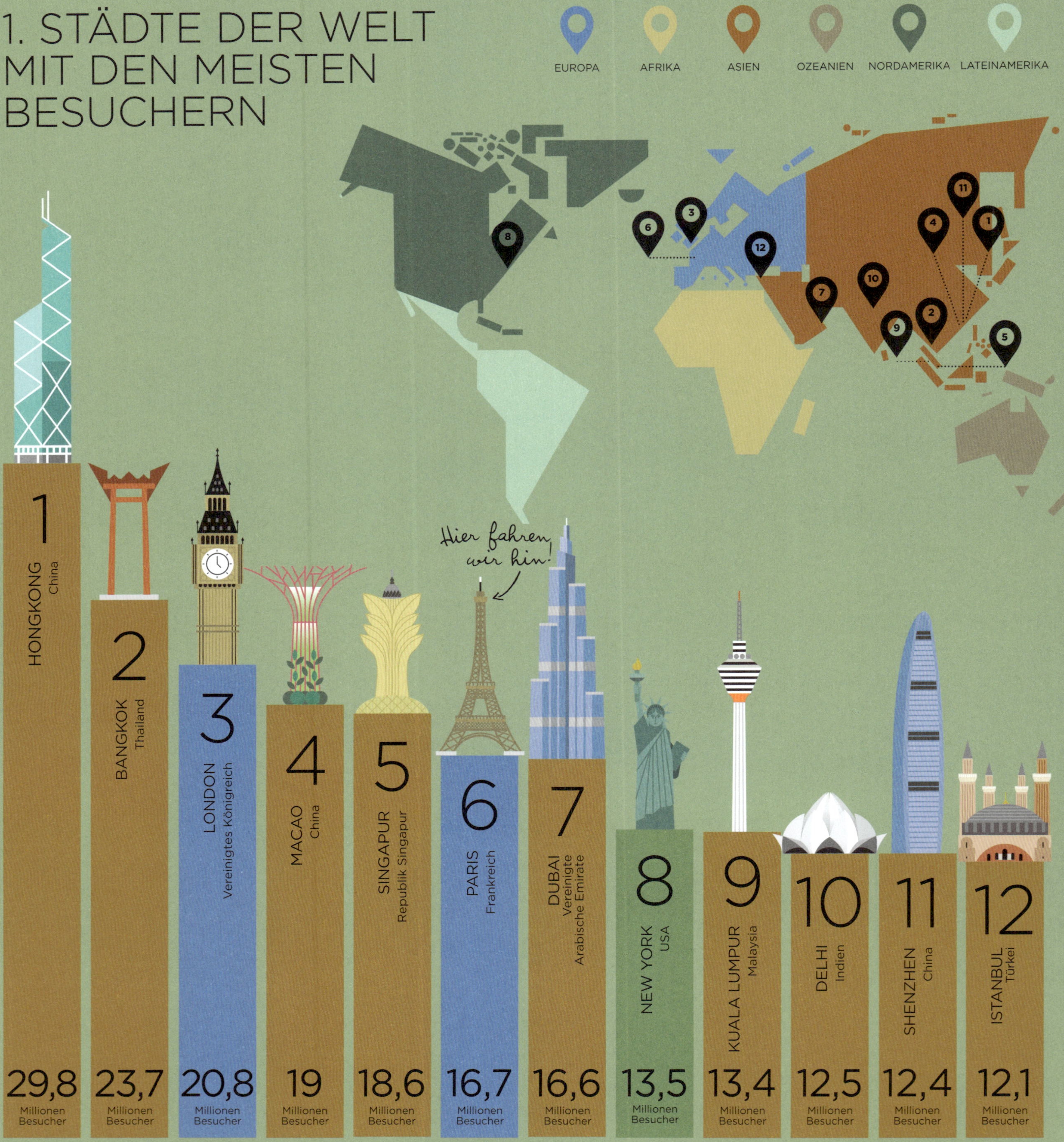

WIR HABEN HIN UND HER ÜBERLEGT, WOHIN WIR IN DEN FERIEN FAHREN. MEIN BRUDER WOLLTE DIE PYRAMIDEN IN KAIRO SEHEN. MEINE MUTTER UND ICH HATTEN LUST, NACH PARIS ZU REISEN, UND MEIN VATER WAR UNENTSCHLOSSEN. NUN HAT MEIN BRUDER ZUGESTIMMT, IN PARIS DEN LOUVRE ZU BESUCHEN – DORT STEHT EINE STATUE DES PHARAOS RAMSES II. WUSSTEST DU, DASS PARIS EINE DER MEISTBESUCHTEN STÄDTE UND DER LOUVRE DAS MEISTBESUCHTE MUSEUM DER WELT IST?

2. MEISTBESUCHTE MUSEEN

1 MILLION Besucher

MUSÉE DU LOUVRE
Paris, Frankreich

10,2

CHINESISCHES NATIONALMUSEUM
Peking, China

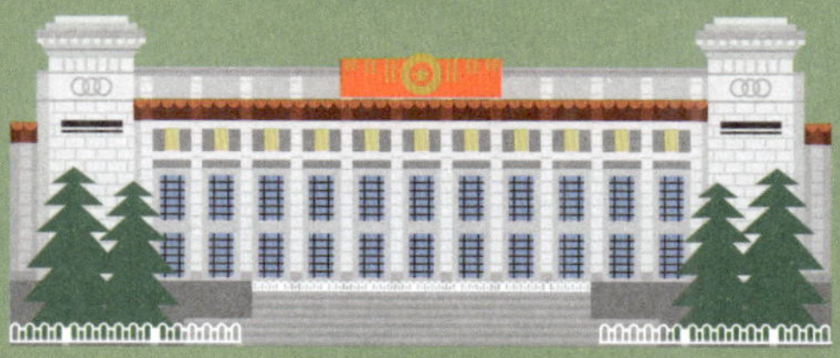

8,6

THE METROPOLITAN MUSEUM OF ART
New York, USA

7,3

MUSEI VATICANI
Vatikanstadt (Rom), Italien

6,7

NATIONAL AIR AND SPACE MUSEUM
Washington, D.C., USA

6,2

BRITISH MUSEUM
London, Vereinigtes Königreich

5,86

TATE MODERN
London, Vereinigtes Königreich

6,82

NATIONAL GALLERY
London, Vereinigtes Königreich

5,7

NATURAL HISTORY MUSEUM
London, Vereinigtes Königreich

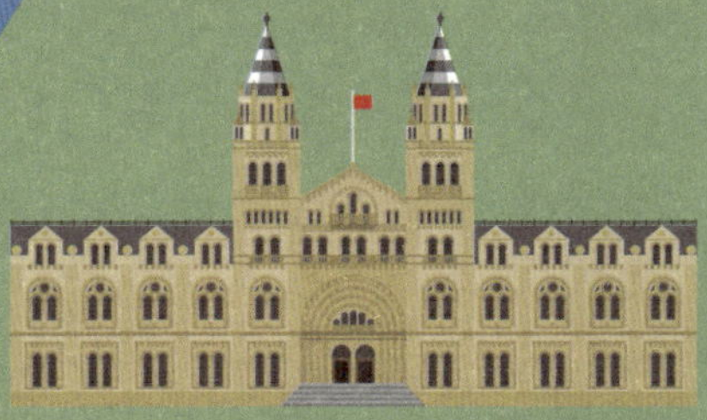

5,2

AMERICAN MUSEUM OF NATURAL HISTORY
New York, USA

5

NATIONAL MUSEUM OF NATURAL HISTORY
Washington, D.C., USA

4,8

NATIONAL GALLERY OF ART
Washington, D.C., USA

4,4

21 · EIN PAAR WÖRTER FÜR DIE REISE

1. In 23 Sprachen „Hallo!" sagen und sich bedanken.

2. Sich mit den Händen verständigen: Gesten aus verschiedenen Ländern der Welt.

1. 23 ARTEN, „HALLO!" ZU SAGEN UND SICH ZU BEDANKEN

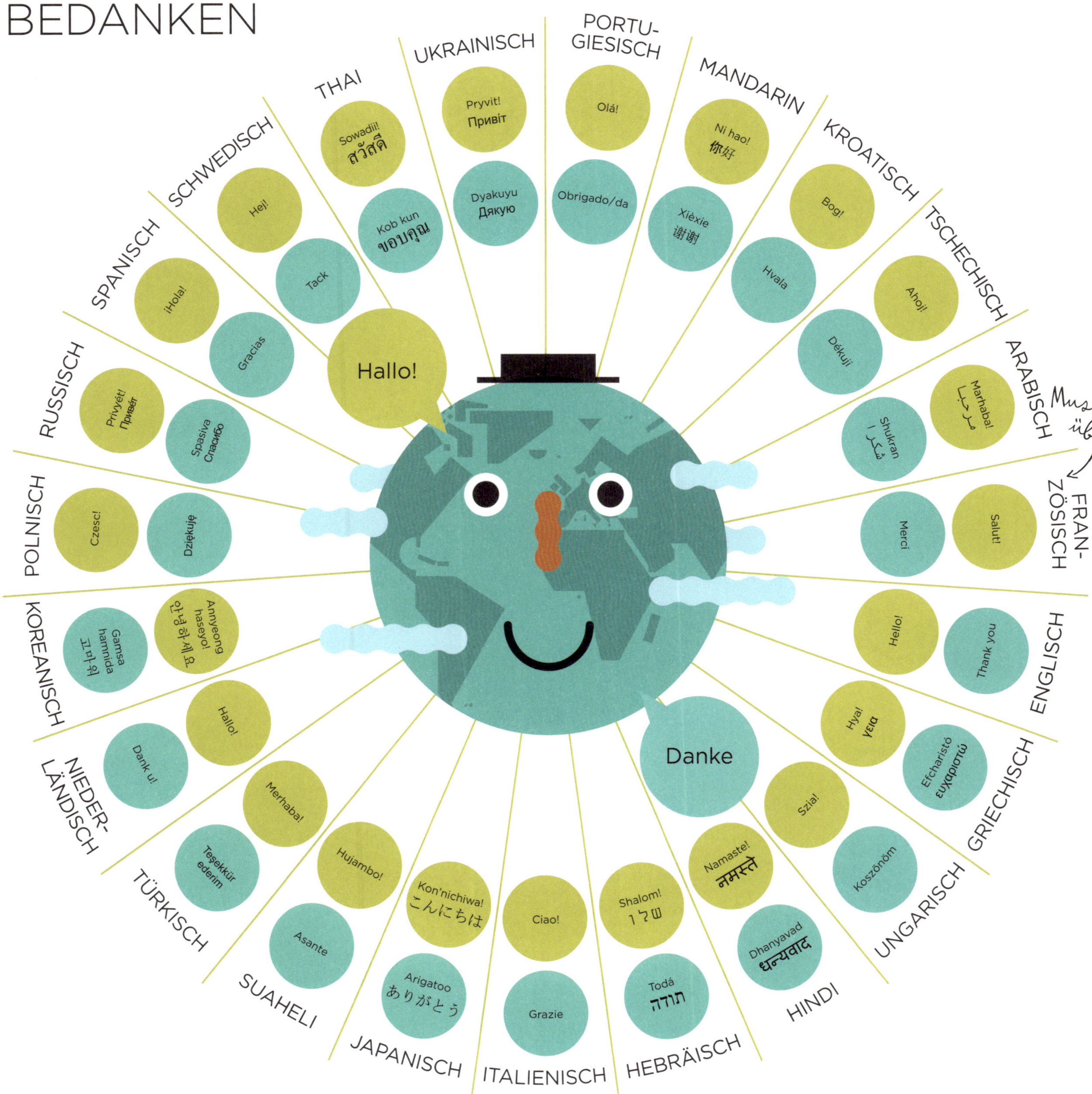

IN PARIS SPRICHT MAN FRANZÖSISCH. WIR FANDEN ES GUT, FÜR DEN URLAUB EIN PAAR WICHTIGE WÖRTER IN DIESER SPRACHE ZU LERNEN – DAMIT WIR WENIGSTENS GRÜSSEN, UM ETWAS BITTEN UND UNS BEDANKEN KÖNNEN. AUSSERDEM IST ES WICHTIG, TYPISCHE GESTEN ZU KENNEN!

2. DIE SPRACHE DER HÄNDE: GESTEN WELTWEIT

FRANKREICH

Zwei Finger zur Nase heben:
So einfach ist das.

Sich mit dem Zeigefinger unter dem Auge berühren:
Ich glaube dir nicht.

Hände anheben, Fingerspitzen berühren sich:
Sorgen oder Stress

JAPAN

Mit dem Zeigefinger auf die Nase tippen:
Ich

V aus Zeige- und Mittelfinger formen, meist auf Fotos:
Es geht mir gut! (ohne Lächeln)

Die Arme mit Abstand vor dem Körper kreuzen:
Verboten/nicht erlaubt

CHINA

Kleine Finger verschränken:
Wir hoffen auf gutes Gelingen für unsere neue Vereinbarung.

Die Hand auf das Herz legen:
Ein ehrliches Versprechen

Sich mit dem Zeigefinger an der Wange kratzen:
Das ist eine Schande!

BRASILIEN

Mit dem Handrücken gegen den Unterkiefer klopfen:
Das ist nicht wahr, das ist nur Gerede!

Hand nach oben strecken, dabei mehrfach die Finger schließen und öffnen:
Es ist voll oder überfüllt!

Mit den Fingern der einen Hand gegen die der anderen schlagen. Hände wechseln:
Das ist mir egal!

GHANA

Sich die linke Handfläche kratzen:
Man redet über Geld

Die Finger mit der Handfläche nach unten zu sich herbewegen: *Komm her!*

Mit der Hand auf den Bauch klopfen, dann die Hand heben:
Zeichen für Zufriedenheit

RUSSLAND

Mit dem Zeigefinger seitlich an den Hals tippen:
Lass uns etwas trinken!

Sich auf der anderen Seite des Kopfs am Ohr kratzen:
Das wird ja kompliziert …

Mit dem Daumen quer über den Hals fahren:
Ich habe genug!

USA UND VEREINIGTES KÖNIGREICH

Mit Zeigefinger und Daumen einen Kreis formen:
Alles okay! Einverstanden!

Zeige- und Mittelfinger verschränken:
Viel Glück!

„Ghetto-Faust": mit der Faust die Faust einer anderen Person berühren:
Hallo, Freund/in!

MEXIKO

Eine Hand mit der Handfläche nach innen heben:
Danke!

Die Finger schließen, die Hände auf und ab bewegen:
Viel von etwas

Mit dem Ellenbogen auf die Handfläche der anderen Hand tippen:
Geizhals

SPANIEN

Die Hand schnell öffnen und schließen:
Da drinnen ist es brechend voll!

Hände anspannen, Arme oberhalb der Taille auf und ab bewegen:
Los, los, beeil dich!

Zeige- und Mittelfinger von den Augen über die Nase nach unten bewegen:
Ich habe kein Geld.

ITALIEN

Den Finger in die Wange drücken und drehen:
Das schmeckt köstlich!

Die gefalteten Hände auf und ab bewegen: *Ich kann nicht fassen, was du da sagst!*

Den Handrücken vom Kehlkopf zum Kinn ziehen:
Das ist mir egal!

22 · KLIMA AUF DER ERDE

1. Länder nach jährlicher Regenmenge. Niederschläge misst man in Millimeter Wasser (mm) bzw. in Litern Wasser, die pro Oberflächeneinheit (m^2) gefallen sind; das heißt, 1 Millimeter Regen entspricht 1 Liter Wasser pro m^2.

2. Städte weltweit mit den meisten Sonnenstunden pro Jahr.

1. LÄNDER MIT DEM MEISTEN REGEN UND ANDEREN NIEDERSCHLÄGEN PRO JAHR

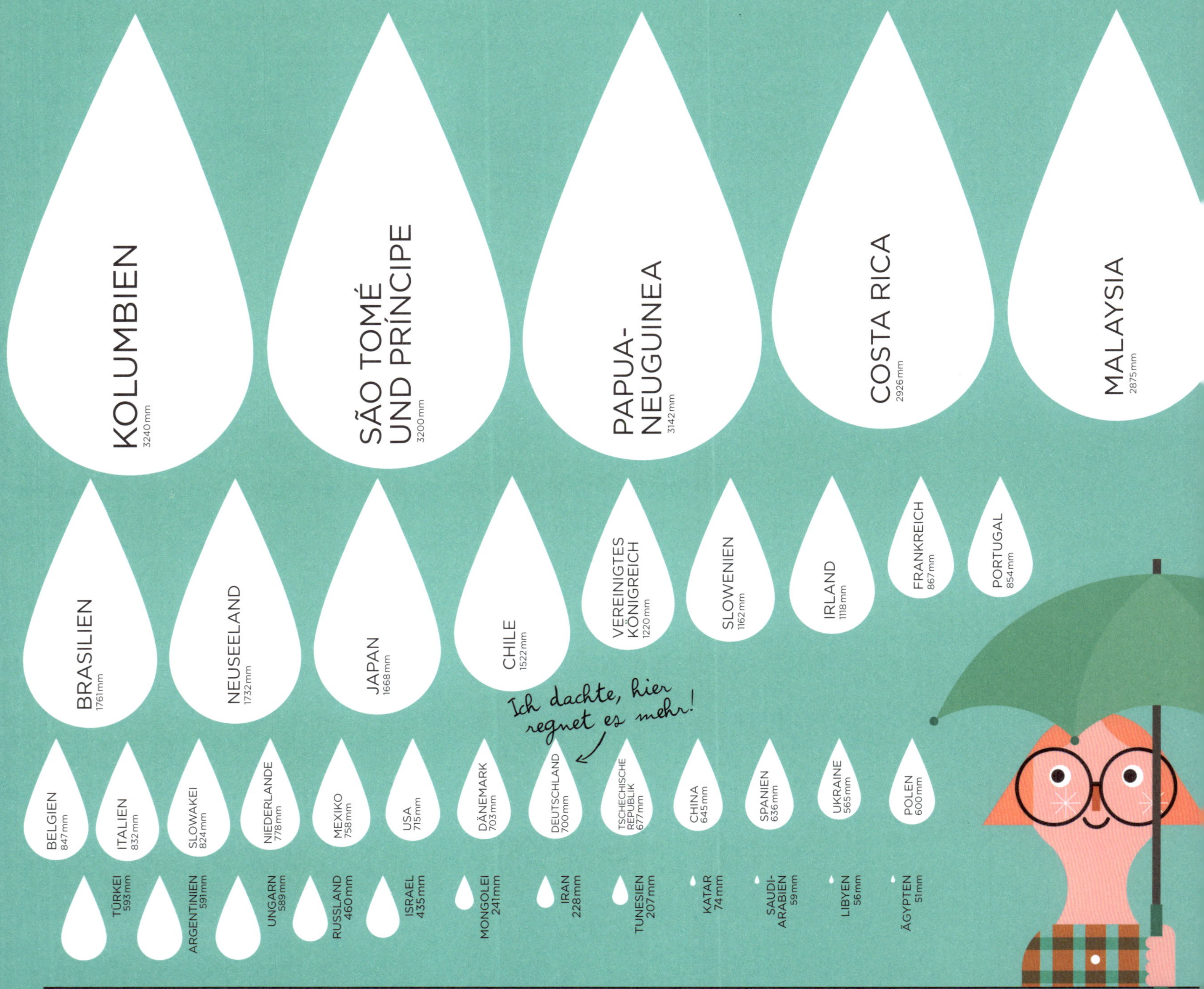

3. STÄDTE MIT DEM EXTREMSTEN KLIMA DER WELT

Die kälteste

JAKUTSK
Russland

Das Thermometer sinkt mindestens unter -40 °C. Die niedrigste Temperatur, die hier je gemessen wurde, ist -64,4 °C.

Die heißeste

KUWAIT CITY
Kuwait

Die durchschnittliche Jahrestemperatur beträgt 34,3 °C, im Sommer wird es bis zu 47 °C heiß.

MEIN VATER SAGT, WENN WIR NACH PARIS FAHREN, MÜSSEN WIR DEN REGENMANTEL EINPACKEN, WEIL ES DORT VIEL REGNET. DABEI IST PARIS NICHT DIE REGENREICHSTE STADT DER WELT! ES GIBT TATSÄCHLICH AUCH SEHR HEISSE LÄNDER, IN DENEN VIEL REGEN FÄLLT, VOR ALLEM IN DEN TROPEN. MANCHE STÄDTE HABEN REICHLICH SONNENSTUNDEN, IN ANDEREN KANN DAS KLIMA EXTREM SEIN: SEHR KALT, SEHR HEISS ODER SEHR WINDIG.

2. STÄDTE MIT DEN MEISTEN SONNENSTUNDEN PRO JAHR

Die trockenste
ASSUAN
Ägypten

Weniger als 1mm Niederschlag im Jahresdurchschnitt. Es regnet nicht, aber dort ist der Nil!

Die feuchteste
BUENAVENTURA
Kolumbien

Über 6275,6 mm Niederschlag pro Jahr.

Die windigste
WELLINGTON
Neuseeland

Im Durchschnitt gibt es 22 Tage mit Windgeschwindigkeiten von mehr als 74 km/h und 173 Tage mit über 59 km/h.

23 · PARKS
WO MAN WAS ERLEBEN KANN

1. Rangliste der meistbesuchten Themen- und Vergnügungsparks der Welt, nach Anzahl der Besucher.

2. Rangliste der meistbesuchten Wasserparks der Welt, nach Anzahl der Besucher.

1. MEISTBESUCHTE VERGNÜGUNGSPARKS DER WELT

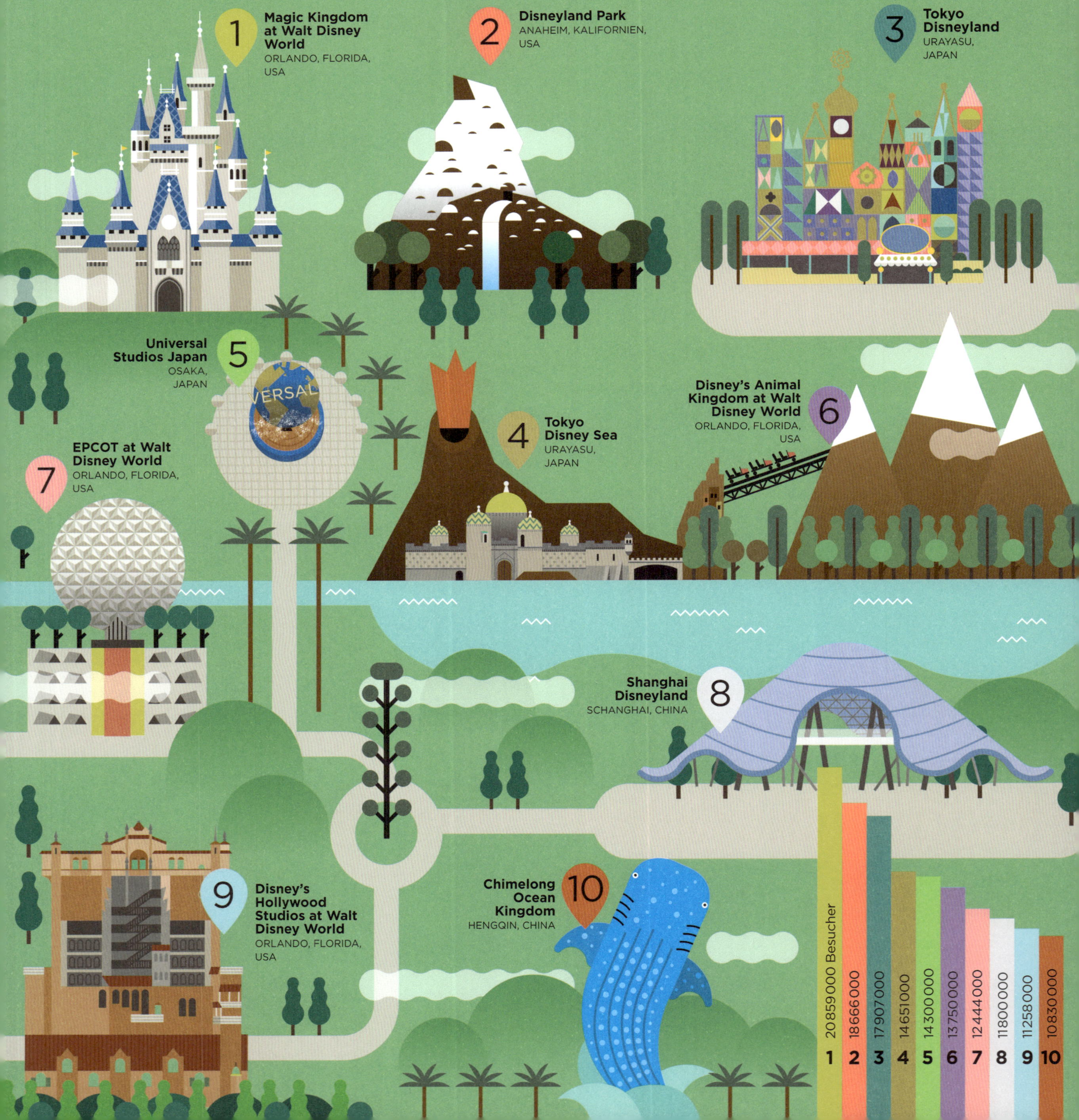

MEIN BRUDER SAGT, IN DEN SOMMERFERIEN MÖCHTE ER GERN EINEN VERGNÜGUNGSPARK BESUCHEN. DARAUF HÄTTE ICH AUCH LUST, UND AUSSERDEM WÜRDE ICH GERN IN EINEN WASSERPARK FAHREN! DAVON GIBT ES VIELE AUF DER GANZEN WELT – MANCHE HABEN RIESIGE SCHWIMMBECKEN UND WASSERRUTSCHEN.

2. MEISTBESUCHTE WASSERPARKS DER WELT

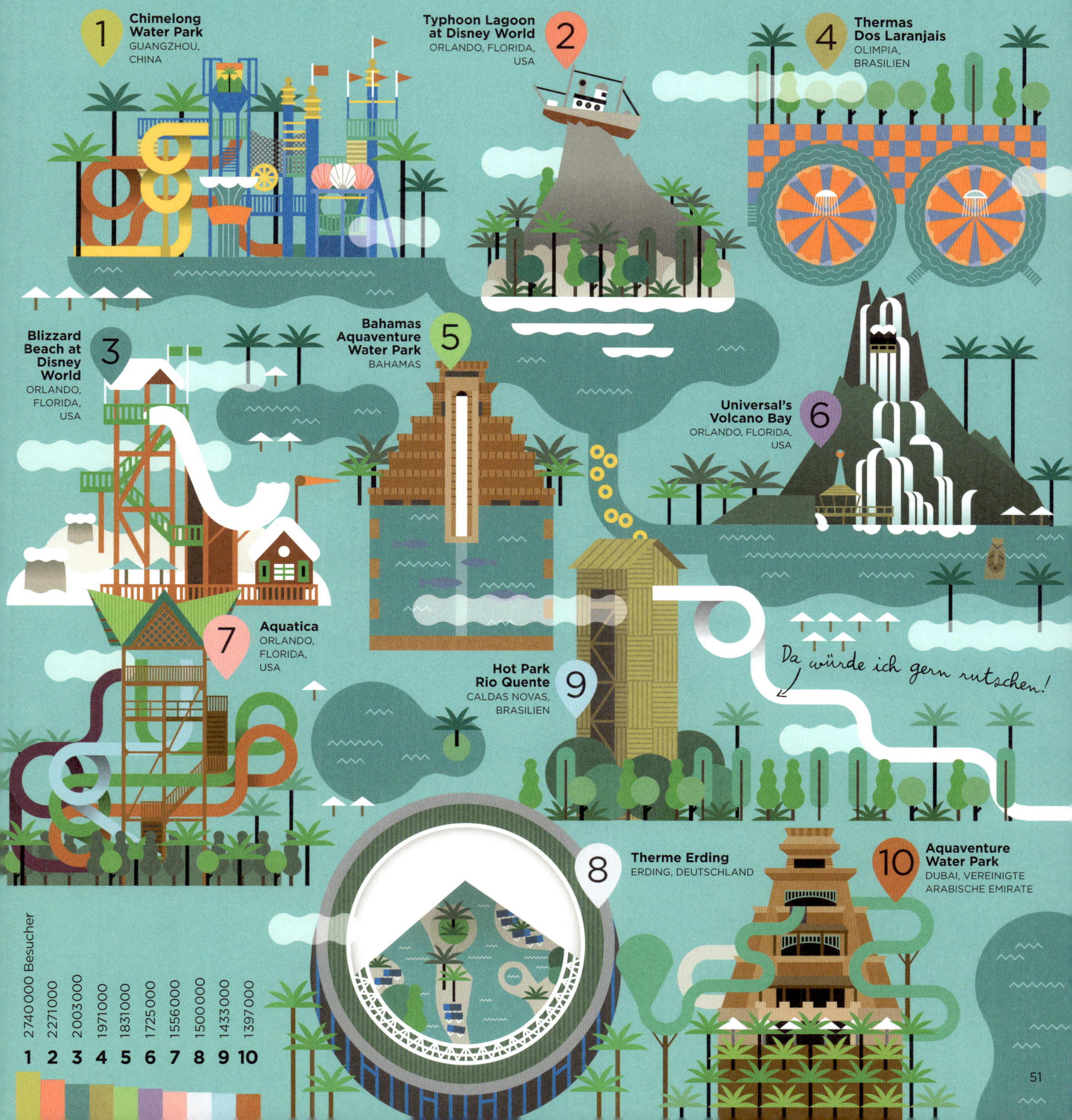

24 · ZUTATEN UND AROMEN DER KÜCHEN WELTWEIT

1. Zutaten, die einer Küche ein bestimmtes, einzigartiges Aroma verleihen, auch wenn sie in den Rezepten oft nur in geringer Menge vorkommen.

2. Zutaten, die die Grundlage einer Küche bilden und die normalerweise in den Rezepten in größerer Menge vorkommen.

1. CHARAKTERISTISCHSTE ZUTAT IN DER KÜCHE …

HEUTE SIND WIR AUS DEM URLAUB ZURÜCKGEKOMMEN. ES WAR FANTASTISCH, ABER ICH FREUE MICH AUCH, WIEDER ZU HAUSE ZU SEIN. WENN MAN UNTERWEGS IST, VERMISST MAN VIELE DINGE: DAS ESSEN UND SEINEN DUFT – VOR ALLEM OPAS EINTÖPFE! ALLE LÄNDER UND KULTUREN HABEN IHRE EIGENE IDENTITÄT; IHRE JEWEILIGE KÜCHE, IHRE AROMEN UND IHR WESEN SIND EINMALIG UND UNVERWECHSELBAR.

2. HÄUFIGSTE ZUTAT IN DER KÜCHE …

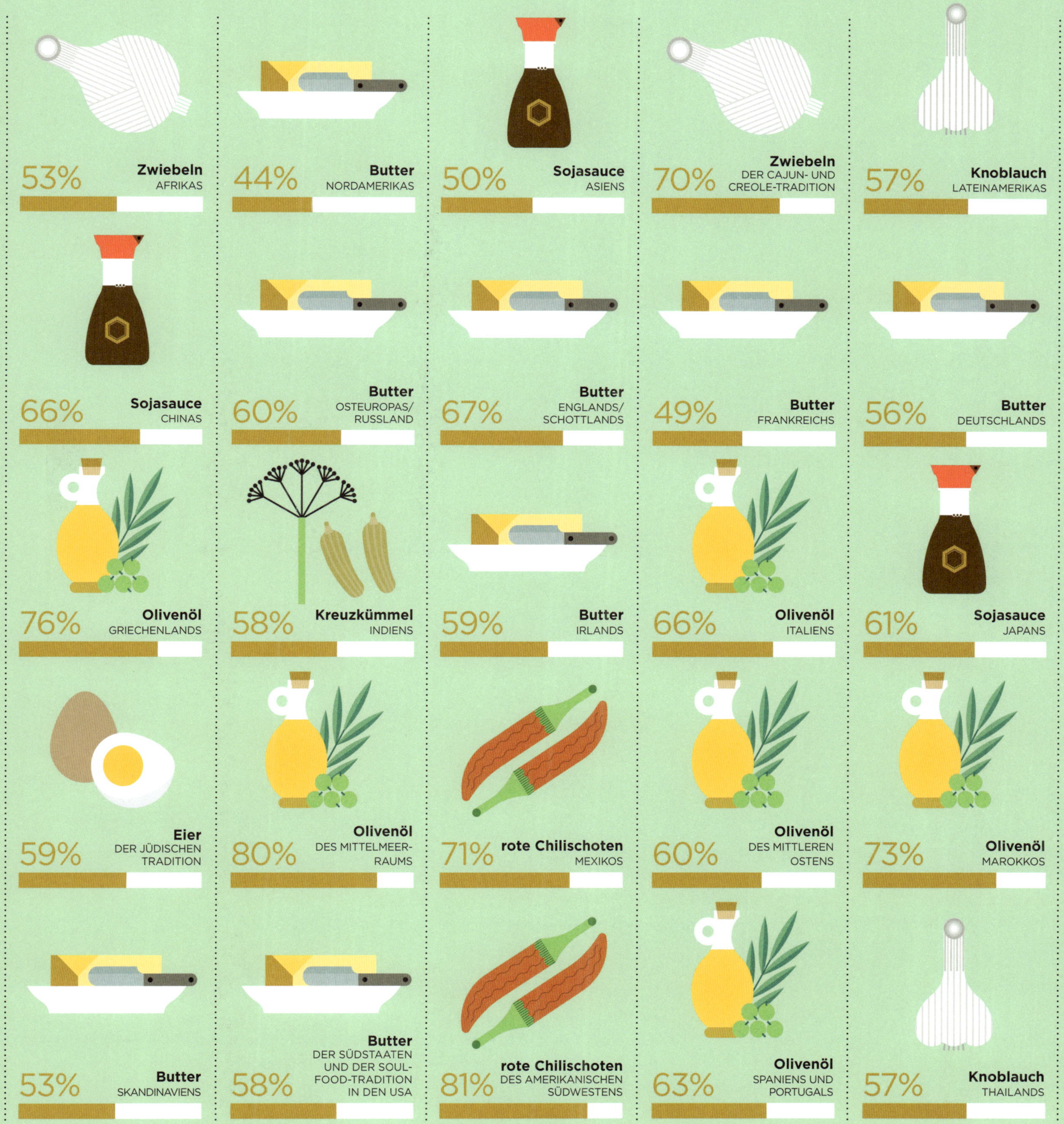

25 · GEBURTSTAG

ICH HABE IM SEPTEMBER GEBURTSTAG. MEINE MUTTER KOCHT DANN MEIN LIEBLINGSESSEN UND ICH GEBE EINE PARTY FÜR MEINE FREUNDE. WIR SPIELEN ZUSAMMEN UND ICH PUSTE DIE KERZEN AUF MEINEM GEBURTSTAGSKUCHEN AUS.

DIESES JAHR WERDE ICH 11 JAHRE ALT! WUSSTEST DU, DASS IM SEPTEMBER MEHR MENSCHEN GEBURTSTAG HABEN ALS IN JEDEM ANDEREN MONAT?

1. MONATE IM JAHR, NACH DER ZAHL DER GEBURTEN IN VERSCHIEDENEN LÄNDERN WELTWEIT

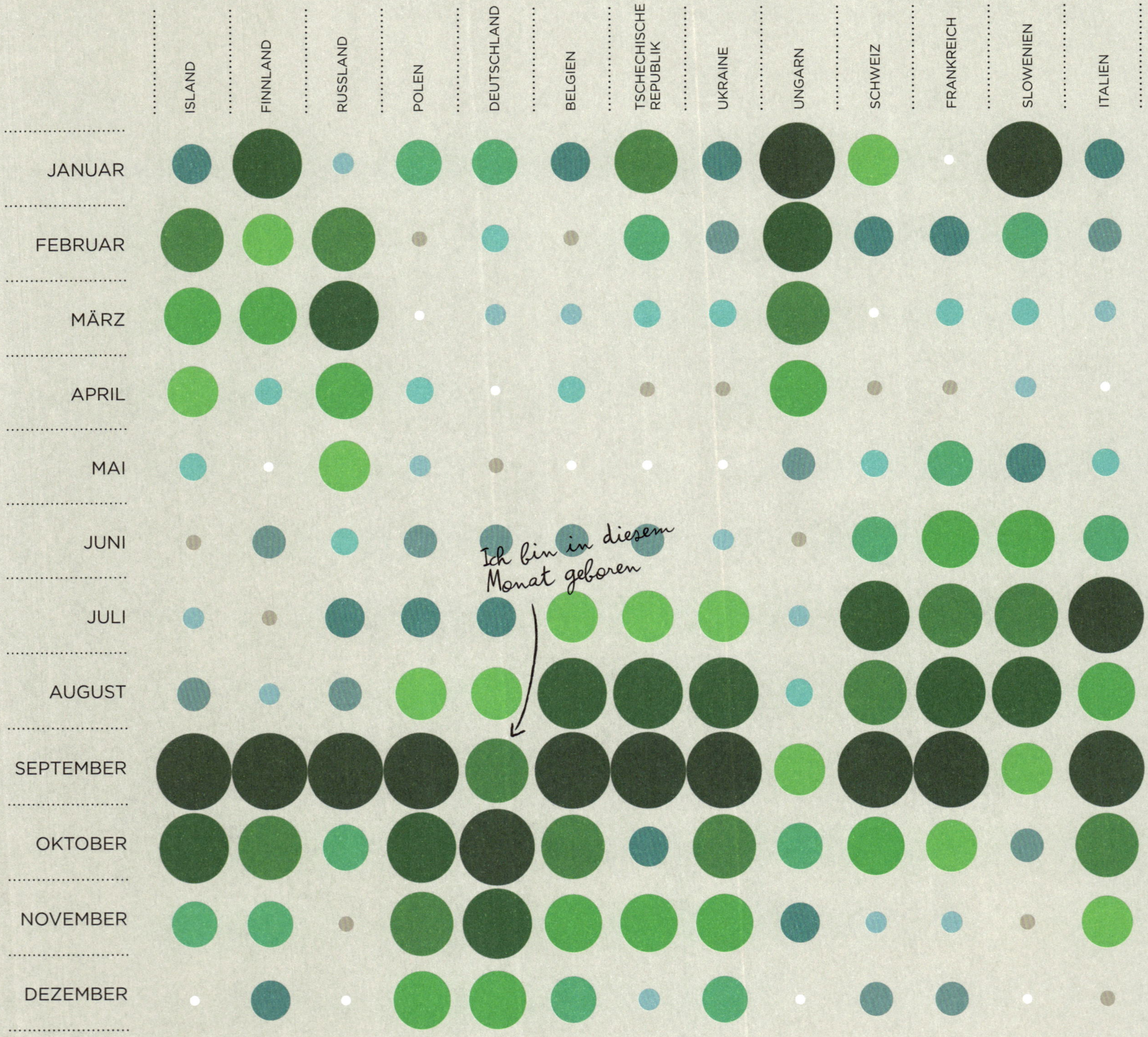

1. Monate, markiert entsprechend der durchschnittlichen Geburtenzahl im jeweiligen Land: Je mehr Geburten, umso größer ist der Durchmesser des Kreises und umso intensiver der Grünton.

2. Angaben zu verschiedenen Dingen, die im Lauf eines Jahres geschehen.

2. WAS SEIT DEINEM LETZTEN GEBURTSTAG PASSIERT IST

31536000
Sekunden
sind vergangen.

Dein Herz hat etwa
37000000
Mal
geschlagen.

Die Erde hat sich
940
Millionen Kilometer
um die Sonne bewegt.

Deine Haare sind etwa
12 cm
und deine Nägel
4 cm gewachsen.

Du hast ungefähr
8500000
Mal
geatmet.

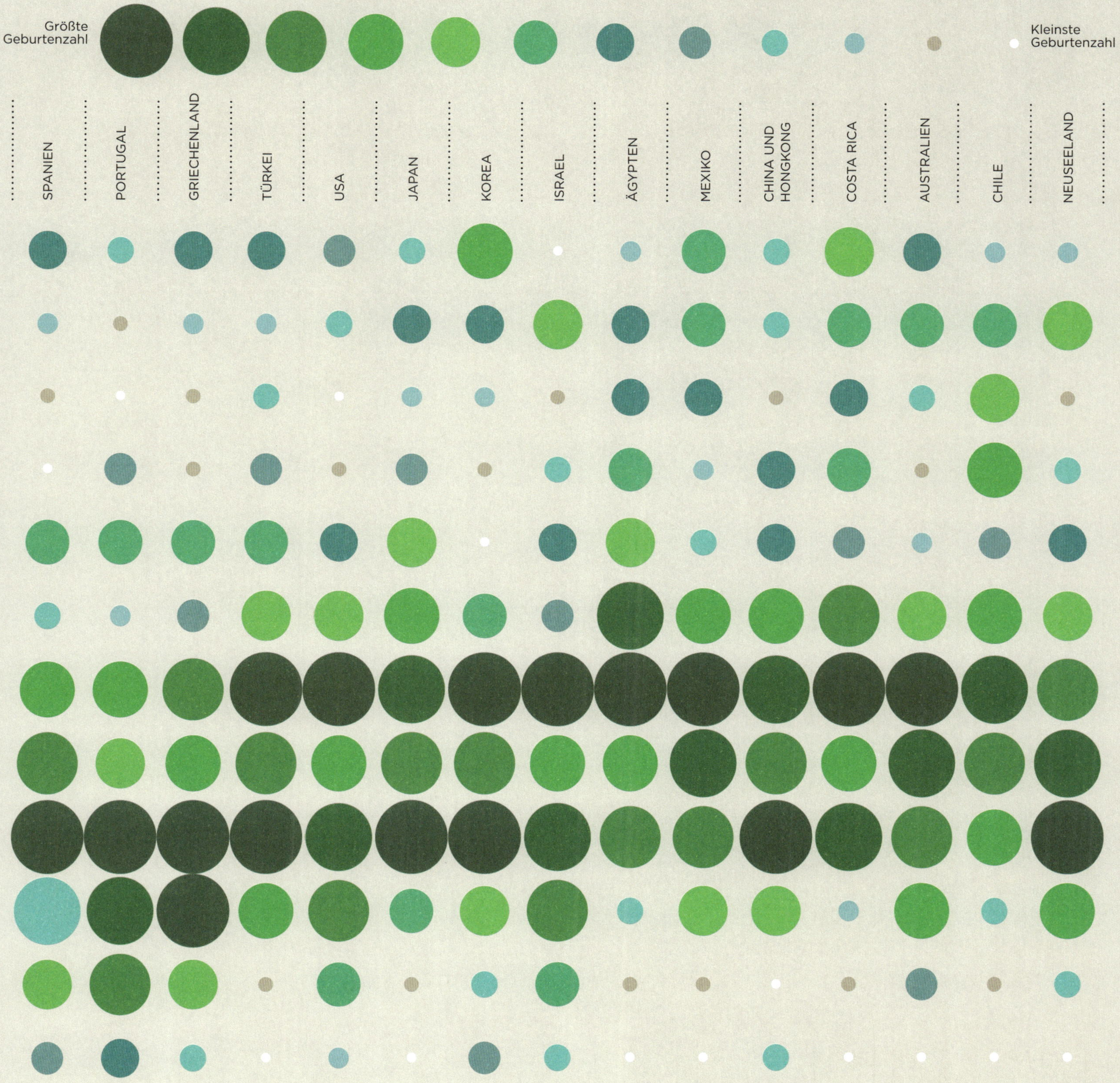

26 · WEIHNACHTEN

BALD IST WEIHNACHTEN. DIESE ZEIT DES JAHRES MAG ICH AM LIEBSTEN. MIR GEFALLEN DIE WEIHNACHTSLIEDER UND ICH FREUE MICH DARAUF, MIT MEINER GANZEN FAMILIE ZUSAMMENZUSEIN, ABER AUCH AUF DIE GESCHENKE, DAS FESTTAGSESSEN UND DIE PLÄTZCHEN UND STOLLEN, DIE ES NUR JETZT GIBT.

MAN FEIERT NICHT AUF DER GANZEN WELT WEIHNACHTEN, ABER IN DEN MEISTEN LÄNDERN SCHON.

1. „FROHE WEIHNACHTEN“ IN 21 SPRACHEN

2. WANN PACKEN DIE KINDER IHRE GESCHENKE AUS?

BELGIEN, NIEDERLANDE, LUXEMBURG

TSCHECHISCHE REPUBLIK, SLOWAKEI, KROATIEN, UNGARN

DEUTSCHLAND, ÖSTERREICH, FINNLAND, SCHWEDEN, SCHWEIZ, POLEN

USA, VEREINIGTES KÖNIGREICH, AUSTRALIEN, JAPAN, ITALIEN, FRANKREICH, NEUSEELAND, SÜDAFRIKA, BULGARIEN

RUSSLAND

GRIECHENLAND

SPANIEN, MEXIKO, PUERTO RICO

1. 21 Arten, „Frohe Weihnachten“ zu wünschen.

2. Verschiedene Tage, an denen die Kinder in unterschiedlichen Ländern traditionell ihre Geschenke auspacken.

3. Weltkarte: Länder, in denen an Weihnachten einer oder mehrere Feiertage im Kalender stehen.

4. Typische süße Weihnachtsspezialitäten in verschiedenen Ländern der Welt.

3. LÄNDER, IN DENEN WEIHNACHTEN FEIERTAG IST

4. SÜSSE SPEZIALITÄTEN IN DER WEIHNACHTSZEIT

27 · RELIGIONEN DER WELT

1. KARTE MIT DEN WELT-RELIGIONEN

1. Weltkarte: Religionen, denen im jeweiligen Land prozentual die meisten Menschen angehören.

2. Prozentuale Verteilung der Gläubigen weltweit auf die verschiedenen Religionen. Anzahl der Menschen, die den Religionen angehören, in Millionen.

3. Architektur der Gebetsstätten verschiedener Religionen und Glaubensrichtungen.

4. Lebensmittel, die in verschiedenen Religionen erlaubt bzw. verboten sind.

CHRISTENTUM · ISLAM · HINDUISMUS · BUDDHISMUS · JUDENTUM · CHINESISCHE RELIGIONEN · KOREANISCHE RELIGIONEN · SHINTO · NATUR-RELIGIONEN · KONFESSIONSLOS

2. RELIGIONSZUGEHÖRIGKEIT DER WELTBEVÖLKERUNG

NACH % DER BEVÖLKERUNG

%

31,2
24,1
16
15,1
6,9
5,7
0,8
0,2

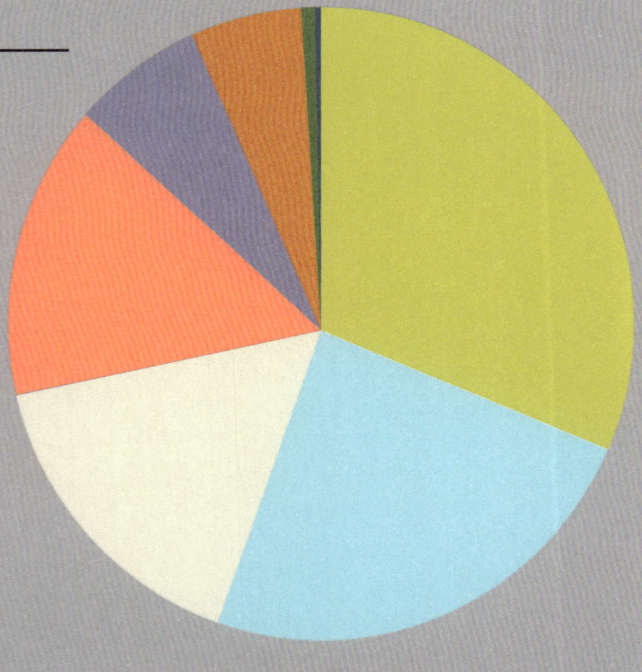

NACH ANZAHL DER GLÄUBIGEN

MILLIONEN MENSCHEN

2,3
1,8
1,2
1,1
0,5
0,4
0,1
0,01

CHRISTEN · MUSLIME · KONFESSIONSLOSE · HINDUS · BUDDHISTEN · NATUR-RELIGIONEN · ANDERE RELIGIONEN · JUDEN

AUF DER WELT EXISTIEREN VIELE RELIGIONEN, UND DIE MENSCHEN GLAUBEN AN VERSCHIEDENE GÖTTER. BEI MIR ZU HAUSE SIND WIR NICHT BESONDERS RELIGIÖS, ABER UNSERE KULTUR IST GEPRÄGT VON GEBRÄUCHEN UND FESTEN, DIE MIT DER RELIGION VERKNÜPFT SIND. ES GIBT WELTWEIT WUNDERSCHÖNE KIRCHEN UND TEMPEL, DIE ICH GERN EINMAL BESICHTIGEN WÜRDE.

3. GEBETSSTÄTTEN

SHINTO-TEMPEL

Ursprünglich wurden Shinto-Zeremonien im Freien abgehalten. Man betritt den Tempel durch das *torii*, ein Tor aus Holz – es ist gleichzeitig der Eingang zum Schrein und ein Symbol des Shintoismus.

HINDU-TEMPEL

Diese Tempel werden als *Mandir* bezeichnet. In den meisten findet man eine Menge Statuen *(murtis)* von der Hindu-Gottheit, der sie jeweils gewidmet sind.

SYNAGOGE

Die Synagoge ist ebenso der Versammlungsort der Juden wie auch der Ort, an dem sie beten und Schriften studieren.

RÖMISCH-KATHOLISCHE KIRCHE

Sie wird auch als „Gotteshaus" bezeichnet, denn obwohl Gott allgegenwärtig ist, kommt die christliche Gemeinde in der Kirche zusammen, um zu beten und an Ritualen wie der Heiligen Messe teilzunehmen.

CHRISTLICH-ORTHODOXE KIRCHE

In diesen Kirchen mit ihren traditionellen runden Kuppeln treffen sich die orthodoxen Christen, um ihre Gottesdienste zu feiern und zu beten.

PROTESTANTISCHE KIRCHE

Dies ist der Ort, an dem die Protestanten ihre Heilige Messe feiern. Hier beten sie zu Gott und zu Jesus.

MOSCHEE

Eine Moschee ist ein Gebetshaus für die Angehörigen des islamischen Glaubens. Hier kommen die Muslime zusammen, um zu beten.

BUDDHISTISCHER TEMPEL

Das Gotteshaus der Buddhisten hat je nach Region eine andere architektonische Form. Typisch sind die Pagode, der Stupa, der *chörten* und der *wat*.

4. ERNÄHRUNGSVORSCHRIFTEN IN DEN RELIGIONEN

***HALAL** beschreibt Lebensmittel, die nach dem islamischen Gesetz verzehrt werden dürfen, und bezieht sich darauf, wie ein Tier geschlachtet werden muss.

***KOSHER** beschreibt Essen und Getränke, die den jüdischen Speisegesetzen entsprechen, und bezieht sich auch darauf, wie ein Tier geschlachtet werden muss.

28 · WENN AUF DER WELT 100 MENSCHEN LEBEN WÜRDEN

MANCHMAL IST ES EINFACHER, SICH DIE WELT VORZUSTELLEN, WENN WIR VON EINER KLEINEREN BEVÖLKERUNGSZAHL AUSGEHEN. WENN ES ZUM BEISPIEL NUR 100 MENSCHEN AUF DER WELT GÄBE …

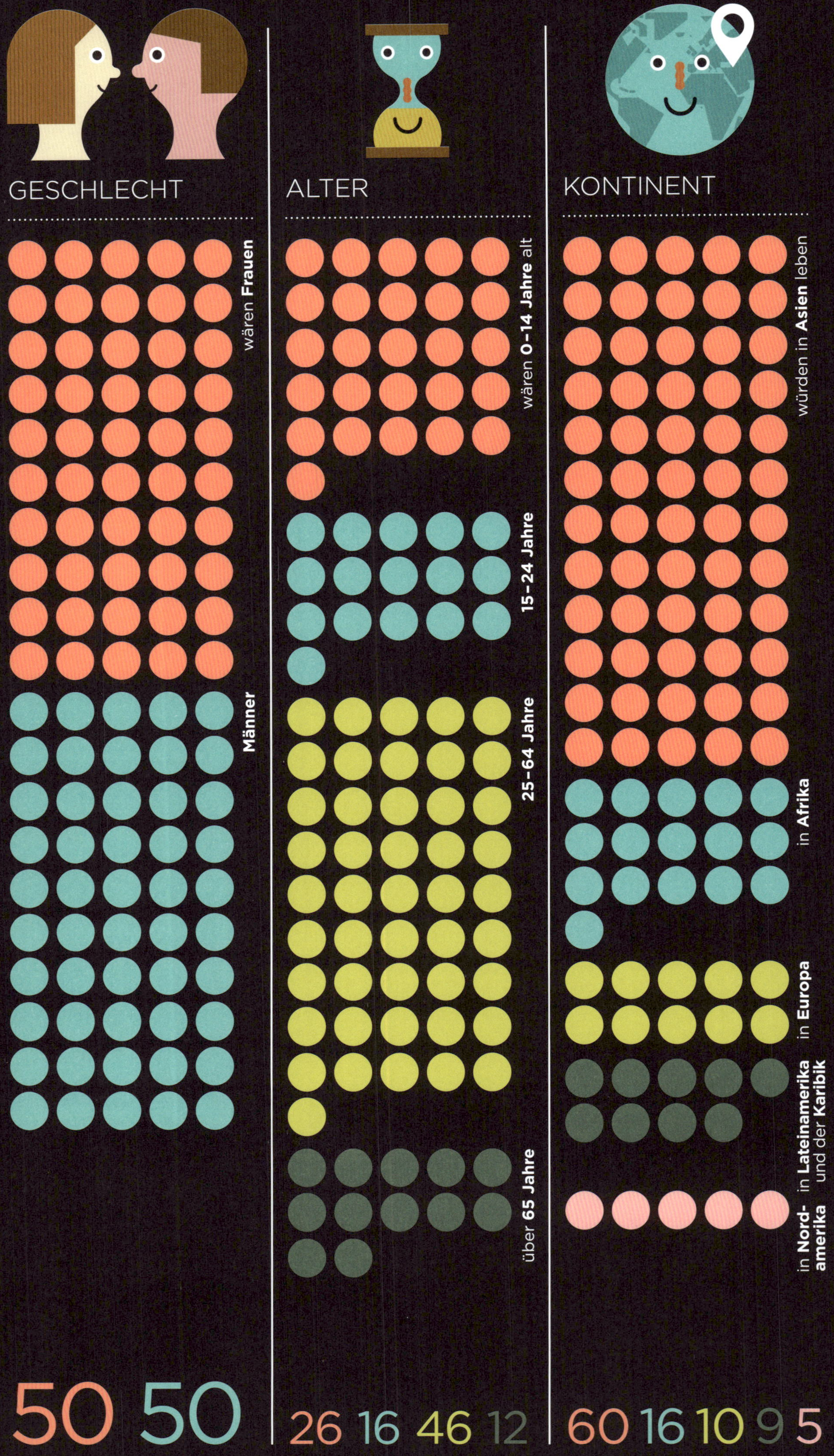

Jeder farbige Kreis symbolisiert einen Menschen. Die weltweite prozentuale Verteilung ist so angegeben, als lebten nur 100 Menschen auf der Welt.

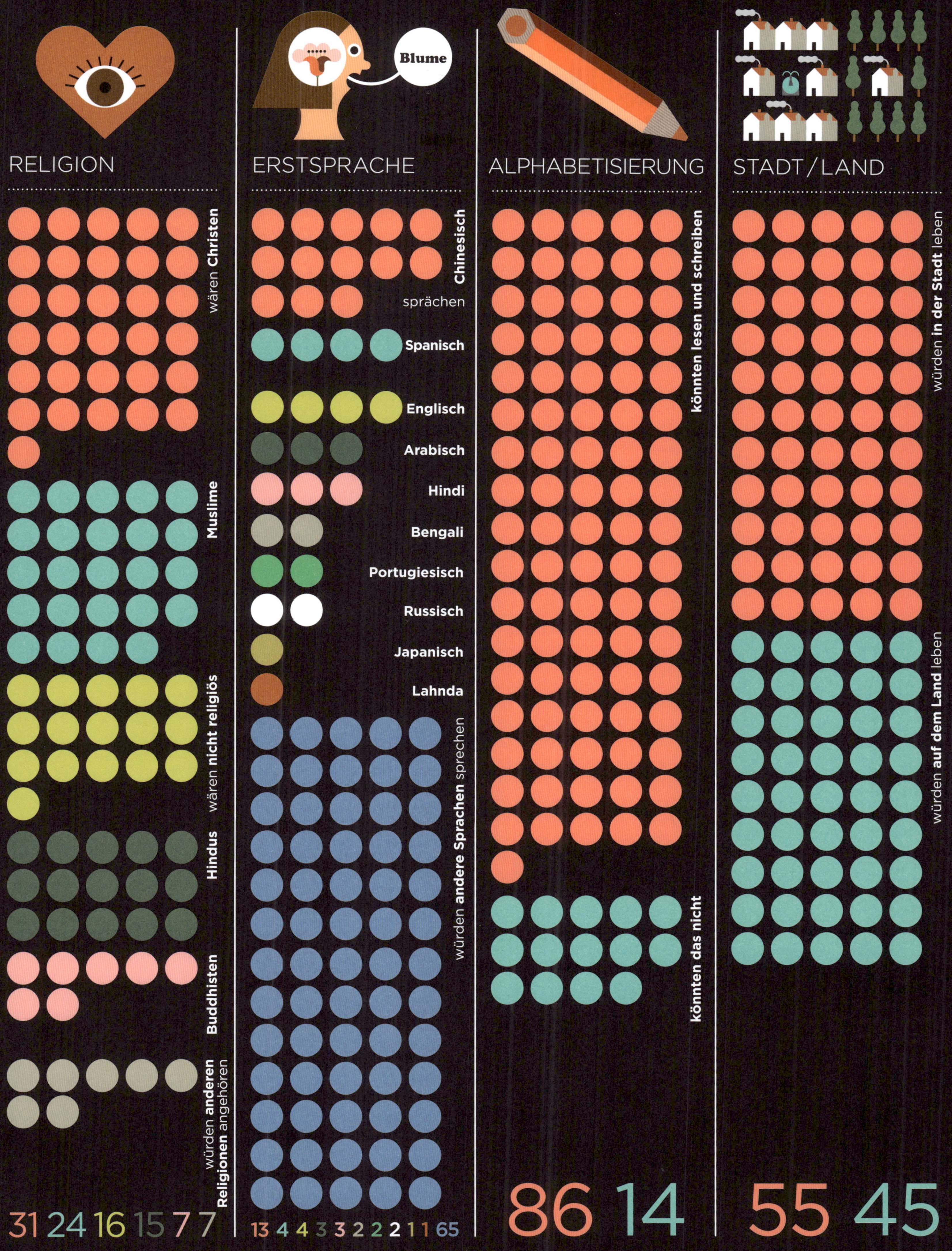
RELIGION
wären Christen
Muslime
wären nicht religiös
Hindus
Buddhisten
würden anderen Religionen angehören
31 24 16 15 7 7
Blume
ERSTSPRACHE
Chinesisch
sprächen
Spanisch
Englisch
Arabisch
Hindi
Bengali
Portugiesisch
Russisch
Japanisch
Lahnda
würden andere Sprachen sprechen
13 4 4 3 3 2 2 2 1 1 65
ALPHABETISIERUNG
könnten lesen und schreiben
könnten das nicht
86 14
STADT / LAND
würden in der Stadt leben
würden auf dem Land leben
55 45

QUELLEN

1 · HÄUFIGE VORNAMEN

Die häufigsten Vornamen. „List of most popular given names. (Newborn children – Country census 2010–2017)". Wikipedia. Daten aus den USA: Top names of the period 2010–2017. Sozialversicherungsbehörde der USA.

2 · FAMILIENMODELLE

1. Mitglieder pro Familie weltweit. „Countries by total Fertility Rate". 2018, CIA World Factbook.

2. Durchschnittliche Anzahl Kinder pro Frau. „The decline of the number of children per woman since 1950", *World Population Prospects*. 2017: Vereinte Nationen, Hauptabteilung Wirtschaftliche und Soziale Angelegenheiten.

3. Verschiedene Familienstrukturen. Auf Basis von „Most Common Family Types in America", von Nathan Yau. 2016: Flowingdata.

3 · HAUSTIERE

Die 10 beliebtesten Hunderassen. „Most popular breeds worldwide". DogWellnet.com. IPFD (International Partnership for Dogs).

1. Familien mit/ohne Haustier. *Pet Ownership: Global GfK survey*. 2016: GfK.

2. Haustiere nach Tierart. *Pet Ownership: Global GfK survey*. 2016: GfK.

3. Haustiere nach Ländern. „Dogs Worldwide Figures". 2013: Federation Cynologique Internationale.

4 · WELTBEVÖLKERUNG

1. Länder nach Größe der Bevölkerung. „Countries in the world by population". 2018: Worldometers.

2. Prozentuale Verteilung von Männern und Frauen auf der Welt. „Distribution of the world's population by age and sex", *World Population Prospects*. 2017: Vereinte Nationen, Hauptabteilung Wirtschaftliche und Soziale Angelegenheiten.

3. Prognose der gesamten Weltbevölkerung von 2018 bis 2100. „Population of the world: estimates, 1950–2015, and medium-variant projection with 95 per cent prediction intervals, 2015–2010", *World Population Prospects*. 2017: Vereinte Nationen, Hauptabteilung Wirtschaftliche und Soziale Angelegenheiten.

4. Verteilung der Weltbevölkerung auf die Kontinente. „Distribution of the world's population by continent", *World Population Prospects*. 2017: Vereinte Nationen, Hauptabteilung Wirtschaftliche und Soziale Angelegenheiten.

5 · SPRACHEN DER WELT

1. Die 10 Sprachen mit den meisten Sprechern. „The World's Most Spoken Languages. Estimated of first-language speakers worldwide in 2017 (in millions)", *Ethnologue Global Dataset: Twentieth edition data*. 2017: Ethnologue.

2. Die meistgesprochenen Sprachen, nach Ländern der Welt. „World Language Map" 2017: Maps of World.

3. Am häufigsten gelernte Fremdsprachen. „Most studied languages in the world". *The Washington Post*. 2013: auf Basis der Daten von Ullrich Ammon, Universität Düsseldorf.

6 · ARBEIT UND BERUFE

1. Traditionelle Berufe. Mehrere Quellen.

2. Fünf Berufe, die vor 10 Jahren noch nicht existierten. „6 Jobs that didn't exist 10 years ago". 2016: World Economic Forum.

3. Was machen die über 7 Milliarden Menschen auf der Welt beruflich? „What do 7 billion people do?". Funders and Founders, Anna Vital, auf Basis von Daten von cia.gov, census.gov, gemconsortium.org.

7 · WOHNEN

1. Durchschnittliche Wohnfläche in bestimmten Ländern. „How big is a house. Average new home size around the globe in m^2". 2014: Shrinkthatfootprint, auf Basis von Daten von CommSec, RBA, UN, US Census.

2. Traditionelle Behausungen. Mehrere Quellen.

8 · STADTBEWOHNER

1. Städte weltweit und die Anzahl ihrer Einwohner. „Table 3: Built-Up Urban Areas by Land Area (Urban footprint): 2018 Urban Areas 500,00 & Over Population". *Demographia World Urban Areas, 14th Annual Edition*. 2018: Demographia.

2. Bevölkerungsdichte in Städten. „Table 4: Built-Up Urban Areas by Urban Population Density (Urban footprint): 2018 Urban Areas 500,00 & Over Population". *Demographia World Urban Areas, 14th Annual Edition*. 2018: Demographia.

3. Die größten Städte im Jahr 1950. „These were the world's biggest cities in 1950" *UN Urban Prospects, 2014 revision*. 2014: Vereinte Nationen.

4. Die größten Städte im Jahr 2030. „These will be the world's largest cities in 2030" *UN Urban Prospects, 2014 revision*. 2014: Vereinte Nationen.

9 · FRÜHSTÜCK RUND UM DIE WELT

Beliebte Frühstückskombinationen aus verschiedenen Ländern. Mehrere Quellen.

10 · STAUS IN DER STADT

1. Verkehrsreichste Städte der Welt. „The Cities with the Biggest Traffic Jams. Major world cities where the average commuter spent most hours in congestion in 2017". *Global Traffic Scorecard*. 2017: INRIX.

2. Anzahl Autos pro 10 Personen. „Traffic Jam. A Global Look on Transportation". The Auto Insurance.

11 · IN DER SCHULE

1. Dauer des Pflichtunterrichts in verschiedenen Ländern. „Compulsory instruction time in general education. Primary and lower education, in public institutions", *Education at a Glance*. 2017: OECD.

2/ und 3/ Alter der Kinder bei der Einschulung. „Children ages at primary school entry vary from five to seven worldwide", *World Development Indicators*. 2014: World Bank. „When do children start school in Europe? Age at which school is compulsory in Europe". 2017: Statista, auf Basis von Daten von Eurydice, Europäische Kommission.

4. Kinder weltweit, die nicht die Schule besuchen. „Out of school population among children of primary school age (millions) by sex. 2000–2016". 2018: Institut für Statistik, UNESCO.

5. Was studieren die jungen Leute weltweit? „What do Young adults study?", *Education at a Glance*. 2017: OECD.

12 · UNIFORMEN

1. Schuluniformen in verschiedenen Ländern. Mehrere Quellen.

2. Durchschnittliche Anzahl Kinder pro Grundschulklasse. „Average class size by type of institution (2015). Average between Public and Private Schools", *Education at a Glance*. 2017: OECD.

13 · ESSEN IN DER SCHULE

Mahlzeiten in verschiedenen Ländern. Mehrere Quellen.

14 · HAUSAUFGABEN

1. Länder, in denen die Kinder die meisten Hausaufgaben haben. „The Countries Where Kids Do the Most Homework. Hours of homework per week in selected countries (15-year-old students)". 2017: OECD.

2. Zeit, die die Eltern den Kindern bei den Hausaufgaben helfen. „In loco parentis: How much time do you spend helping your child academically with their education per week". The Varkey Foundation. 2017.

3. Wo sind die Schüler am stärksten von den Mathe-Hausaufgaben gestresst? „Levels of ‚mathematics anxiety'". *PISA-Bericht*. 2017: OECD.

15 · INTERNET UND SOZIALE NETZWERKE

1. Maximale Zeit pro Tag, die Eltern erlauben. „2018 DQ Impact Report" 2018: DQ Institute. Anmerkung: 8–12 Jahre. Daten bereitgestellt von eMarketer, NYC.

2. Durchschnittliche Zeit, die Kinder pro Woche im Internet verbringen. „New Family Dynamics in Connected World". 2017: Intel Security. Anmerkung: 8–12 Jahre. Daten bereitgestellt von eMarketer, NYC.

3. Zugang, den Kinder nutzen, um ins Internet zu gehen. „2018 DQ Impact Report" 2018: DQ Institute. Anmerkung: 8–12 Jahre. Daten bereitgestellt von eMarketer, NYC.

4. Am häufigsten genutzte soziale Netzwerke. „2018 DQ Impact Report" 2018: DQ Institute. Anmerkung: 8–12 Jahre. Daten bereitgestellt von eMarketer, NYC.

5. Altersbeschränkungen in den sozialen Netzwerken. „Age Restriction for Social Media Platforms". Digital Parenting Coach.

16 · LESEN

1. Die 10 meistgelesenen Bücher der Welt. „Top 10 Most Read Books in The World". Squidoo.com/mostreadbooks.

2. Schullektüren, die in verschiedenen Ländern Pflicht sind. „Required Reading: the books that students read in 28 countries around the world". 2016: TED.

3. Länder, in denen am meisten gelesen wird. „Which countries read the most? Hours spent reading per person per week (selected countries)". Statista, auf Basis der Daten von NOP World CultureScore Index.

17 · SPORT IN ALLER WELT

1. Die Sportarten mit den meisten Zuschauern in den Ländern weltweit. „The Most Popular Spectators Sports Worldwide". Statista.

2. Sportarten, die weltweit am häufigsten ausgeübt werden. „Los 10 deportes más practicados en el mundo". Sportzone, auf Basis einer Befragung von 204 Mitgliedern des Olympischen Komitees.

18 · SPIELE FÜR KINDER WELTWEIT

Kinderspiele in verschiedenen Ländern. Mehrere Quellen.

19 · SOMMERFERIEN

1. Dauer der Schulferien im Sommer, in Wochen. „School's out For Summer: number of weeks of summer school holidays in Primary School in 2015". Statista, auf Basis von Daten der Europäischen Kommission.

2. Anzahl der internationalen Touristen. „Inbound Tourism 1995–2016". *UNWTO Tourism Highlights*. 2017: World Tourism Organization.

3. Die Länder, die von den meisten Touristen besucht werden. „World's Top Tourism Destinations, 2016". *UNWTO Tourism Highlights*. 2017: World Tourism Organization.

20 · STÄDTE MIT VIELEN TOURISTEN

1. Städte der Welt mit den meisten Besuchern. „The World's Most Visited Cities. Cities with most visitors in 2018 (People staying for at least 24 hours)". Statista, auf Basis der Daten von Euromonitor International, World Economic Forum.

2. Meistbesuchte Museen. „The most visited museums in the world 2018". 2018: AECOM, Themed Entertainment Association.

21 · EIN PAAR WÖRTER FÜR DIE REISE

1. 23 Arten, „Hallo!" zu sagen und sich zu bedanken. „21 ways to say hello and thank you". Livinglanguage.com.

2. Die Sprache der Hände: Gesten weltweit. „Around the world in 42 hand gestures". 2016: Worktheworld, auf Basis der Daten von ISGS (International Society for Gesture Studies), *New York Post*, *Time* und CNN.

22 · KLIMA AUF DER ERDE

1. Länder mit dem meisten Regen und anderen Niederschlägen pro Jahr. „Average precipitation in depth (mm per year)". 2014: World Bank.

2. Städte mit den meisten Sonnenstunden pro Jahr. „Sunshine averages for 1961 to 1990 that were provided for 1290 countries and territories". World Meteorological Organization.

3. Städte mit dem extremsten Klima der Welt. Mehrere Quellen.

23 · PARKS, WO MAN WAS ERLEBEN KANN

1. Meistbesuchte Vergnügungsparks der Welt. „Top 20 Amusement/Theme Parks Worldwide". 2018: AECOM, Themed Entertainment Association.

2. Meistbesuchte Wasserparks der Welt. „Top 25 Water Parks Worldwide". 2018: AECOM, Themed Entertainment Association.

24 · ZUTATEN UND AROMEN DER KÜCHEN WELTWEIT

1. Charakteristischste Zutat in der Küche … „The most distinctive ingredient by cuisine". *Quartz Magazine*, auf Basis der Daten von *Economics* aus dem Rezepte-Portal *Epicurious*.

2. Häufigste Zutat in der Küche … „The most common ingredients". *Quartz Magazine*, auf Basis der Daten von *Economics* aus dem Rezepte-Portal *Epicurious*.

25 · GEBURTSTAG

1. Monate im Jahr, nach der Zahl der Geburten in verschiedenen Ländern weltweit. „Live births by month", Demographic Statistics Database. Vereinte Nationen, Abteilung für Statistik.

2. Was seit deinem letzten Geburtstag passiert ist. Mehrere Quellen.

26 · WEIHNACHTEN

1. „Frohe Weihnachten" in 21 Sprachen der Welt. Mehrere Quellen.

2. Wann packen die Kinder ihre Geschenke aus? „When Do Children Open Their Presents?". Fromyoumyflowers.com, von whychristmas.com.

3. Länder, in denen Weihnachten Feiertag ist. „Countries that recognise Christmas as a Public Holiday". Timeanddate.com, auf Basis von „Holidays and Observances Around the World", von Maphobbyist (Creative Commons).

4. Süße Spezialitäten in der Weihnachtszeit. „A Slice of Christmas. Christmas Cakes from around the World". Taxi2airport.com.

27 · RELIGIONEN DER WELT

1. Karte mit den Weltreligionen. „World Religions". 2015: Pew Research Center Demographic Projections.

2. Religionzugehörigkeit der Weltbevölkerung. „World Religions". 2015: Pew Research Center Demographic Projections.

3. Gebetsstätten. Mehrere Quellen.

4. Ernährungsvorschriften in den Religionen. „Food and Religion". Fish Interfaith Center, Champman University.

28 · WENN AUF DER WELT 100 MENSCHEN LEBEN WÜRDEN

Aus *100 People: A World Portrait*.

Geschlecht und Alter. „World Bank based on age/sex distributions", *World Population Prospects*. 2017: Vereinte Nationen, Hauptabteilung Wirtschaftliche und Soziale Angelegenheiten.

Kontinent. *World Population Prospects*. 2017: Vereinte Nationen, Hauptabteilung Wirtschaftliche und Soziale Angelegenheiten.

Religion. „The Changing Global Religious Landscape". 2015: Pew Research Center Demographic Projections.

Erstsprache. *Ethnologue Global Dataset: Twentieth edition data*. 2017: Ethnologue.

Alphabetisierung. „Tasa de alfabetización total de adultos (% de personas de 15 años o más)". Institut für Statistik, UNESCO.

Stadt/Land. „Desarrollo Urbano". 2017: World Bank.